NEGOCIAÇÃO RUMO AO SUCESSO:
Estratégias e Habilidades Essenciais

George Siedel
Universidade de Michigan

Publicado por Van Rye Publishing, LLC
www.vanryepublishing.com

ISBN-10: 0-9970566-6-5
ISBN-13: 978-0-9970566-6-2

Sobre o Autor

George Siedel é professor de Administração Empresarial da "Williamson Family" e Professor "Thurnau" de Direito Empresarial na Universidade de Michigan. Ele ensina negociação no programa de MBA na Escola de Negócios Ross, da Universidade de Michigan, e em seminários ao redor do mundo para líderes empresariais, empresários, advogados, médicos, dirigentes esportivos e juízes.

Professor Siedel concluiu a sua pós-graduação na Universidade de Michigan e na Universidade de Cambridge. Ele trabalhou como professor convidado na Universidade de Stanford e Harvard e, como acadêmico na Universidade da Califórnia, Berkeley. Como bolsista Fulbright, ele era o titular de uma cadeira em Ciências Humanas e Sociais.

Professor Siedel recebeu vários prêmios nacionais de pesquisa, incluindo o *Maurer Award*, *Ralph Bunche Award* e *Hoeber Award*. Ele também recebeu muitos prêmios de ensino, incluindo o *Executive Program Professor of the Year Award* de 2014 de CIMBA, um consórcio de trinta e seis universidades líderes comprometidas com a educação internacional.

Agradecimentos

Embora o meu nome esteja indicado como autor, este livro é fruto de conselhos, experiências e sabedoria compartilhada de, literalmente, milhares de estudantes, colegas, família, amigos e outros. Não tenho como mencionar todos aqui, porém, aqui se destacam alguns.

Eu também quero reconhecer a pesquisa proeminente que tem melhorado a teoria da negociação e prática ao longo dos anos. Cada capítulo inclui citações do trabalho dos principais pesquisadores de negociação. Em tempos de poderosas ferramentas de busca, citações detalhadas (em forma de notas de rodapé que interrompem o fluxo de texto e listas distintas que requerem consultas constantes ao final do livro) são desnecessárias. Em vez disso, citações curtas foram incluídas entre parênteses, com informações suficientes para que os leitores possam facilmente localizar fontes utilizando motores de busca.

Líderes e Profissionais de Negócios. Agradeço a todos os líderes e profissionais de negócios da América do Norte, América do Sul, Ásia, África, Europa e Austrália, com quem trabalhei durante anos. Além de ensinar em seminários abertos, ofereci cursos e apresentações para públicos específicos, que incluem executivos farmacêuticos, dirigentes esportivos, advogados, médicos e empresários. Ao ensinar em Seul, Veneza, Sidnei, Mumbai e São Paulo, eu aprendi com esses participantes que os conceitos abordados neste livro são valiosos em todas as profissões, culturas e em todos os continentes.

David E. A. Carson. Obrigado David, um líder de negócios bem sucedido e ex-aluno de destaque da Escola de Negócios Ross, por estabelecer o Programa Acadêmico de Carson, o qual tem desempenhado um papel fundamental no fornecimento de políticas públicas educacionais para alunos de graduação da escola de negócios. Como Diretor do programa, eu tive a oportunidade de trabalhar com líderes governamentais reconhecidos em Washington que, enquanto ensinaram no programa, compartilharam suas perspectivas sobre a negociação política.

Consórcio de Universidades de Estudos Internacionais (CIMBA). Obrigado, Al Ringleb, diretor executivo, e Cristina Turchet, diretora associada, por sua liderança inovadora do CIMBA e por ter me convidado a lecionar em um seminário de negociação anual na Itália.

Família. Agradeço aos meus filhos, Joe, Katie e John, por terem me testado com várias estratégias e táticas de negociação quando eles eram pequenos. Como todos sabem, as negociações com os filhos são as mais difíceis. Agradeço também a minha irmã, Karen Braaten, que me ajudou a desenvolver habilidades de resolução de conflitos quando éramos jovens. Felizmente, não precisamos mais disso e hoje somos grandes amigos.

Fulbright International Summer Institute. Agradeço a Julia Stefanova, diretora executiva do Escritório Fulbright na Bulgária, e sua excelente equipe por me dar a oportunidade de lecionar em um curso de negociação anual para estudantes da Europa Oriental e região.

Helena Haapio. Agradeço muito a minha frequente coautora, Helena Haapio, assessora contratual internacional da empresa Lexpert Ltd. em Helsinque, Finlândia, e líder do movimento direito proativo. Helena tem sido uma inspiração com sua capacidade de integrar os aspectos teóricos e práticos de contratação. Partes dos capítulos 8 e 9 deste livro foram adaptadas do nosso livro *A Short Guide to Contract Risk* (Gower 2013) e do nosso artigo de 2010 "Using Proactive Law for Competitive Advantage", do *American Business Law Journal*. Também sou grato a Helena por me apresentar à comunidade de visualização de contrato, tema abordado com capítulo 9.

Programa de Harvard em Negociação (PON). Também agradeço a PON, um dos principais centros de ensino e pesquisa de negociação, pela calorosa recepção quando eu era professor visitante na escola de negócios de Harvard e pela produção de materiais de negociação de alta qualidade que são utilizados em todo o mundo.

Nancy Hauptman. Agradeço a Nancy pela minuciosa revisão do manuscrito, pelo seu trabalho de *design* criativo dos gráficos do livro, e em geral, por seu apoio e incentivo.

International Association for Contract & Commercial Management (IACCM). Obrigado IACCM e presidente Tim Cummins. Esta associação global desenvolveu uma quantidade imensa de recursos sobre as melhores práticas inerentes à negociação e gestão de contratos.

Junhai Liu. Obrigado Junhai, um distinto professor da Universidade de Renmin, em Pequim, onde, a seu convite, eu fiz uma palestra sobre "negociação com americanos." Esta experiência me ajudou a desenvolver a organização cronológica usada neste livro.

Alyssa Martina. Agradeço a Alyssa, uma líder e educadora de destaque no campo da negociação empresarial, por revisar o manuscrito e suas sugestões úteis.

Estudantes do MOOC. Obrigado aos milhares de estudantes em todo o mundo que se inscreveram no meu massivo curso online aberto chamado "Negociação Bem Sucedida". Este curso deu o impulso necessário para concluir este livro.

Professores de negociação. Agradeço aos professores das universidades de renome, tais como Harvard, MIT e Stanford, pelos convites de lecionar em seus cursos de negociação e por compartilhar seus *insights* sobre a negociação.

Pais. Em memória, quero agradecer aos meus pais, George e Justine Siedel. Embora suas habilidades de negociação tenham sido forjadas em tempos difíceis durante a Grande Depressão, a igualdade sempre foi prioridade em suas relações com o próximo.

Danica Purg. Obrigado a Danica, presidente da escola de gestão IEDC Bled e presidente da associação de gestão internacional CEEMAN, por ter me convidado a dar aulas de negociação para executivos na Eslovênia.

Escola de Negócios Ross na Universidade de Michigan. Agradeço a Escola de Negócios Ross pela possibilidade de ensinar negociação em níveis de graduação, MBA e programas de educação executiva. Agradeço especialmente a oportunidade de lecionar em um seminário de negociação anual por muitos anos para os executivos de negócios em Hong Kong e também ensinar no Brasil, Coréia, Índia e Tailândia. Agradeço toda a equipe de liderança da escola Ross pela confiança que me deram para negociar a criação de centros de educação executiva em Paris e Hong Kong, quando eu era diretor adjunto da educação executiva. Essas negociações, juntamente com as minhas negociações com os líderes empresariais para desenvolver programas para executivos multinacionais, me forneceram uma experiência de nível internacional.

Jeswald Salacuse. Obrigado a Jeswald, professor Henry J. Braker de Direito e ex-reitor da Escola Fletcher na Universidade Tufts, por permitir incluir a ferramenta de avaliação de estilo de negociação no Apêndice C. Jeswald é reconhecido como um líder em pesquisa e ensino de negociação internacional.

John Siedel. Este livro não teria sido possível sem a capacidade técnica e habilidades editoriais de John aplicadas ao processo de redação e publicação. Sua atenção aos detalhes levou a muitas negociações interessantes.

Alunos. Por último, mas certamente não menos importante, um agradecimento especial aos alunos de graduação e MBA que estudaram em meu curso de negociação, na escola de negociação Ross e outras. Uma das alegrias de ensinar negociação é a oportunidade de continuar aprendendo com diversos alunos energéticos e entusiasmados.

George Siedel
Universidade de Michigan

Conteúdo

APÊNDICES: LISTA DE VERIFICAÇÃO E FERRAMENTAS DE AVALIAÇÃO

Introdução

No meu seminário de negociação anual, na Itália, uma executiva empresarial disse: "A vida é negociação!" Ninguém nunca afirmou melhor. Como mãe de crianças pequenas e líder em uma empresa, ela percebeu que as negociações estão presentes em nossas vidas pessoais e profissionais.

Todos nós negociamos diariamente. Nós negociamos com nossos cônjuges, filhos, pais e amigos. Negociamos quando alugamos um apartamento, compramos um carro, uma casa e até mesmo quando nos candidatamos a um novo emprego. A capacidade de negociar pode até ser o fator mais importante na progressão da sua carreira.

A negociação também é a chave para o sucesso do negócio. Nenhuma organização pode sobreviver sem contratos que geram lucros. A um nível estratégico, as empresas estão preocupadas com a criação de valor e em alcançar uma vantagem competitiva. Mas o sucesso das estratégias de negócios de alto nível depende de contratos fechados com fornecedores, clientes e outras partes interessadas. A capacidade de contratação—a capacidade de negociar e executar contratos bem sucedidos—é a função mais importante em qualquer organização.

Meu objetivo ao escrever este livro é lhe ajudar a alcançar o sucesso em suas negociações pessoais e transações de negócios. O livro aborda as principais estratégias e habilidades necessárias para ter sucesso em uma negociação. Embora muitos outros livros também falem sobre esses conceitos, este livro vai além dos conceitos, e concentra-se nas ações necessárias para o sucesso.

O livro também é único em sua organização, e cobre cada etapa do processo de negociação em ordem cronológica, desde a preparação até o desempenho. Esta abordagem holística evita uma suposição equivocada de que o sucesso é determinado pelo o que acontece na mesa de negociação. Embora a fase da "mesa de negociação" seja importante (e esteja detalhada neste livro), o verdadeiro teste é um acordo realizado com sucesso.

Ao terminar este livro, você deverá se capaz de:

- Fazer uma análise completa de negociação, que inclui o seu preço de reserva e a zona potencial de acordo;
- Usar "árvores de decisão" para avaliar suas alternativas durante o processo de negociação;
- Avaliar o seu estilo de negociação;
- Aumentar o seu poder de negociação;
- Decidir como resolver dilemas éticos durante as negociações;
- Usar ferramentas psicológicas—e evitar armadilhas—durante as negociações; e
- Avaliar o seu desempenho como negociador.

Além destes e outros benefícios específicos, espero que os conceitos e as ferramentas deste livro lhe ajudem a alcançar o equilíbrio e a harmonia em sua vida enquanto você se envolve em negociações pessoais e profissionais. Porque "a vida é negociação!"

I PREPARE-SE PARA NEGOCIAR

1. Decida se você vai negociar
2. Determine o tipo de negociação
3. Realize uma análise de negociação
4. Decida como responder a questões éticas

1 Decida se você vai negociar

Diariamente, todos nós realizamos acordos sem nos envolver em negociações. Geralmente, não negociamos quando compramos comida, bebida, aplicativos móveis, livros, roupas, eletrônicos, ração de cachorro, produtos de escritório, bens domésticos, brinquedos e equipamentos desportivos. O que aconteceria se nós decidíssemos negociar ao comprar esses itens?

Esta é uma tarefa que eu dou aos meus alunos na Universidade de Michigan. Eu peço a eles para tentar comprar um serviço ou produto pessoal em uma loja, hotel ou restaurante por menos do que o preço listado. Há apenas duas regras. Eles não podem negociar um bem normalmente negociável, tais como um carro ou um item em um mercado de pulgas ou brechó, e eles não podem dizer a pessoa com quem estão negociando que isto é uma tarefa.

Antes de completar a tarefa, eu pergunto aos alunos para estimar quantos deles serão bem sucedido. Grande parte deles prevê que a maioria irá falhar. Os resultados reais são surpreendentes. Em um ano típico, dois terços dos alunos foram bem sucedidos. Os descontos variam de 1% a 100% e os estudantes economizam milhares de dólares.

Ao atingir esses resultados, eles usam uma variedade de estratégias e táticas. Algumas das estratégias—como, por exemplo, "a melhor alternativa para um acordo negociado" (BATNA, sigla em inglês), uso de metas de crescimento e criar um vinculo com o vendedor—são baseadas em determinados princípios de negociação e serão abordadas mais afrente neste livro. Por exemplo, uma aluna criou um vinculo tão forte com um funcionário de caixa, que ele ofereceu lhe emprestar dinheiro para que ela pudesse realizar toda a compra!

Outras táticas são caracterizadas como “truques”. Um estudante que queria comprar uma garrafa de água bastante cara tentou projetar uma imagem de pobreza ao não fazer a barba e usar roupas de má qualidade e um par de tênis velho. Ocasionalmente, ele também tossia para indicar que a sua saúde não estava muito boa. Outros alunos apontam defeitos nos produtos, tentam flertar com o vendedor, ou usam uma estratégia de tempo—por exemplo, aparecem na loja de pizza logo antes de ela fechar, sabendo que as fatias que sobram são jogadas fora.

Às vezes, os alunos usam uma combinação de táticas. Um pai jovem chegou a um restaurante de sushi pouco antes de ele fechar. Ele colocou uma nota de USD20 em um bolso e outras de USD10 em outro para que ele pudesse pegar uma ou outra, (dependendo de como fosse a negociação) e afirma que este era todo o dinheiro que ele tinha. Ele também jogou a carta da simpatia, enfatizando que seus filhos pequenos que estavam em casa amam sushi. O resultado foi um desconto substancial. Iremos falar sobre ética em outro capítulo!

Mesmo sem usar truques ou estratégias mais aceitáveis, os consumidores americanos estão descobrindo que os varejistas estão mais dispostos do que nunca a negociar. De acordo com um artigo no *New York Times* (“Mais varejistas veem a negociação como o preço de fazer negócios”, 16 de dezembro de 2013), as lojas estão até mesmo treinamento seus funcionários a negociar com os clientes. O artigo oferece o seguinte conselho aos consumidores: “Não preste atenção ao preço da etiqueta”.

Três razões pelas quais não pechinchamos mais vezes

Se pechinchar produz esses resultados, por que não fazemos isso mais vezes? Três razões vêm à mente, as quais você deveria considerar ao decidir se irá ou não negociar. Primeiro, muitas pessoas simplesmente não se sentem a vontade com isso. Meus alunos usam palavras como "hesitantes", "vergonha" e "desconfortável" ao descrever a sua experiência de negociação no comércio. Mas esses sentimentos não são universais, pois outros alunos gostaram da experiência e a descrevem como "agradável", "divertido" e "emocionante".

Para alguns alunos que gostaram da experiência, ela teve um grande impacto em suas vidas. Por exemplo, um aluno relatou: "Eu me senti tão bem que fui para casa e comecei a ver outras coisas . . . para comprar. Esta atividade pode ter criado um monstro."

Os alunos desta categoria, muitas vezes me enviam e-mails descrevendo suas experiências de negociação após a pós-graduação. Por exemplo, um aluno relatou que as habilidades de negociação adquiridas no curso lhe permitiu economizar $130 por mês em um apartamento, porém, ele não conseguiu negociar o desconto de uma sobremesa em um restaurante. Um aluno na Europa teve êxito ao negociar com a Máfia para que devolvessem o carro de seu pai, que havia sido roubado.

Outro estudante relatou uma noticia boa e outra ruim. A notícia boa era que ele sempre conseguia bons descontos em hotéis. A notícia ruim era que sua esposa não ia mais com ele até a recepção. (Um artigo do *Wall Street Journal*, "Como conseguir um desconto no preço de praticamente qualquer coisa? Fácil, é só pedir", de 19 de agosto de 2006, observou que a maioria dos funcionários da recepção de hotéis estão autorizados a dar descontos que variam de 10% a 25%.)

Além do desconforto com o processo, a segunda razão pela qual muitas pessoas não pechincham é que os benefícios podem ser menores que os custos. Max Bazerman, professor de negociação mundialmente famoso, conta a seguinte história sobre si mesmo em seu livro *Smart Money Decisions* (altamente recomendado). Ao comprar uma televisão nova, ele fez uma extensa pesquisa sobre diferentes modelos e custos. Ele também foi a diversas lojas e ofereceram um combo que incluía a TV com outros itens, tais como instalação e uma antena parabólica. Seus esforços ao longo das últimas vinte horas de pesquisa resultou em uma economia de cerca de $120. Será que isso foi uma negociação bem-sucedida?

A resposta depende de como você quer aproveitar o seu tempo limitado de vida. O professor Bazerman concluiu que ele tinha cometido um erro ao ignorar o valor do seu tempo, que valia mais de $6 por hora. No entanto, se você gosta de negociar mais do que as outras oportunidades que a vida lhe oferece, tais como tempo para relaxar ou ficar com seus amigos e família—esse tempo pode ser bem gasto.

Antes de decidir negociar ao invés de apreciar outros prazeres da vida, considere o que os professores Jonah Berger e Aner Sela chamam de "decisão areia movediça", que implica decidir sobre decisões triviais, tais como qual marca de fio dental comprar. (Para um resumo desta pesquisa, consulte "Research Roundup", *Knowledge@Wharton*, de 7 de novembro de 2012.)

Embora esta pesquisa seja focada na tomada de decisões no momento de fazer compras, a mesma armadilha pode ser aplicada nas decisões de negociar. Você realmente quer gastar o seu tempo negociando sobre itens triviais, em vez de usar esse mesmo tempo com questões mais importantes na vida?

A terceira razão pela qual você pode não querer negociar é que isso pode trazer riscos. Por exemplo, se um empregador faz uma oferta de trabalho, será que você deve negociar com o empregador? Para responder a esta pergunta, você deve fazer uma análise BATNA, como indicada mais adiante neste livro. Você também deve estar ciente das consequências jurídicas da negociação. Por exemplo, dependendo de como ela for formulada, uma contraproposta de sua parte pode causar a retirada da oferta por parte do empregador.

Mesmo quando a sua resposta à oferta não seja legalmente uma contraproposta, a sua tentativa de negociação pode fazer com que o empregador retire a oferta. Por exemplo, uma faculdade ofereceu um cargo de professora a uma candidata. Ela respondeu perguntando se eles poderiam considerar um aumento no salário e acrescentar outros benefícios. Logo em seguida, a faculdade retirou a oferta de emprego. ("Negotiated Out of a Job", *Inside Higher Ed*, de 13 de março, 2014).

Ponto essencial. Antes de iniciar uma negociação, formule estas perguntas: Você está confortável em negociar nesta situação? Os benefícios da negociação superam os custos, tais como o seu tempo? As recompensas justificam os riscos, tais como a perda de uma oferta de emprego?

2 Determine o tipo de negociação

Depois de decidir negociar, você deve responder a três perguntas antes de iniciar a análise de negociação descrita no Capítulo 3: Esta é uma negociação baseada em posição ou interesse? A negociação implica em formalizar acordos ou resolver uma disputa? E, esta é uma negociação intercultural?

DECIDA SE A NEGOCIAÇÃO É BASEADA EM POSIÇÃO OU INTERESSES

Tradicionalmente, a negociação era vista como uma atividade baseada em posições. Por exemplo, você e eu estamos brigando por uma pizza *gourmet* de anchova. Minha posição é que eu deveria comer a pizza; sua posição é que a pizza pertence a você. Um amigo em comum sugere cortar a pizza ao meio e escolher a metade que você quer. Isso é um resultado bom?

Muitos líderes de negócios e consultores especializados em negociação com quem já trabalhei ao longo dos últimos anos, inicialmente consideraram isso um acordo de benefício mútuo, pois parece ser um resultado justo que satisfaz ambos os lados. Embora, em muitas situações, também pode ser possível melhorar o resultado para ambos os lados indo além das nossas posições e explorando os nossos interesses subjacentes. Esta é uma abordagem defendida no clássico livro de negociação, *Getting to Yes*, que foi originalmente publicado em 1981.

Por exemplo, se o nosso amigo me perguntasse sobre os meus interesses (por que eu quero a pizza) eu explicaria que odeio anchovas, mas quero a borda. A borda de pizza *gourmet* pode ser convertida em migalhas que são um ótimo complemento para pratos de legumes. Se ela perguntasse por que você quer a pizza, você poderia responder que você ama pizza de anchova, mas nunca come a borda.

Ao ir além das posições e identificar interesses subjacentes, chegamos a um acordo que nos beneficia, sem prejudicar o outro. Portanto, ao comparar com a nossa solução original (cortar a pizza ao meio), eu dupliquei a borda que tanto gosto e você receberá mais pizza de anchova.

É claro que muitas situações são puramente posicionais, por exemplo, existe a possibilidade de que ambos quisessem apenas a pizza de anchova e nunca a borda. Enquanto a busca de interesses nestas situações não faz mal algum, no entanto, uma busca prolongada pode ser uma perda de tempo. Portanto, no início, você deve tentar identificar o tipo de negociação. É uma negociação baseada em posição (onde você divide a pizza) ou uma negociação baseada em interesses (onde, de fato, você prepara uma pizza maior)?

Conceitualmente, esta pergunta parece simples. No entanto, ela torna-se complicada porque os especialistas de negociação usam uma variedade de termos para descrever estas duas alternativas. Por exemplo, frequentemente, acadêmicos chamam "dividir a pizza" como negociação "distributiva", porque envolve a distribuição de pedaços iguais, enquanto uma pizza maior é chamada de negociação "integrativa", porque o objetivo é expandir a pizza, integrando o interesse das partes interesses.

Outros especialistas referem-se a "dividir a pizza" como a reivindicação de valor (você deseja o maior pedaço possível de uma pizza cortada em pedaços proporcionais) e "expandir a pizza" como a criação de valor (ao ter uma pizza maior). A segunda abordagem, criação de valor, é um objetivo-chave de negócios.

Embora a criação de valor seja discutida a um nível estratégico e conceitual em escritórios corporativos, a realidade é que a criação de valor ocorre em negociações diárias em toda a empresa. As empresas que desenvolveram conhecimentos de negociação têm uma forte fonte de vantagem sobre seus concorrentes.

Outros termos usados para descrever as negociações que se concentram em dividir a pizza, incluem: competitivo, ganhar/perder, soma zero, e do contraditório. As negociações que tentam ampliar a pizza são descritas como: cooperativa, ganhar/ganhar (benefício mútuo), não soma zero, e resolução de problemas.

Quando dou aulas de negociação em todo o mundo e enfatizo a importância de tentar ampliar a pizza ao descobrir interesses subjacentes, muitas vezes sou desafiado por pessoas com vasta experiência empresarial. Elas alegam que a maioria das negociações é baseada em interesses e não posições. Quando você vende o seu produto a um cliente, você fecha uma posição (preço alto) e o comprador fecha outra posição (preço baixo). Se você estiver negociando com um vendedor de carro, o vendedor quer um preço mais alto e você mais baixo.

Por outro lado, muitos negociadores experientes insistem na negociação baseada em interesses. Então, quem tem razão?

Em minha opinião, ambos estão corretos. Em uma típica negociação, cada parte começa com uma posição: preço baixo x preço baixo, por exemplo. Eles devem sempre procurar interesses subjacente ao se perguntar "por que" ao tentar identificar os interesses subjacentes. Por que você quer a pizza?

Essa pergunta irá resultar em duas possibilidades. Primeiro, as partes podem descobrir que não há interesses subjacentes que podem ser usadas para montar uma pizza maior. Neste caso, elas voltam a negociação com base em posição. Segundo, elas podem identificar os interesses que lhes permitem montar uma pizza maior. Nesta situação, elas também voltam a negociação com base em posição, pois, em seguida, negociam sobre suas respectivas fatias maiores.

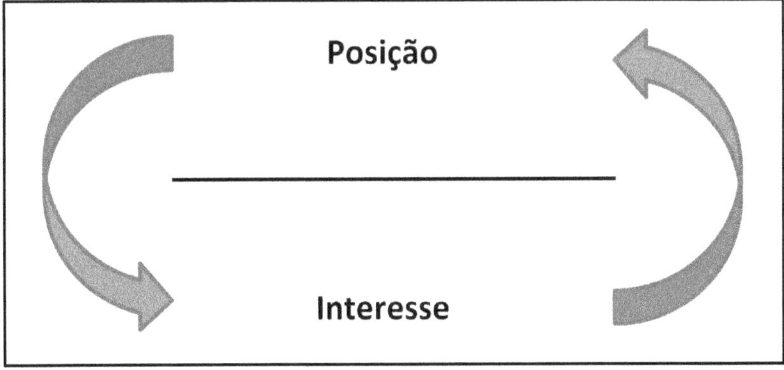

Ponto essencial. Assim que você decidir negociar, você deve primeiro tentar decidir se a negociação é baseada em posição ou interesses. Mesmo quando você pensa que é uma negociação baseada em posição, você deve tentar procurar interesses subjacentes. Se você não conseguir encontrar esses interesses, a sua negociação é posicional. Mas mesmo se você identificar interesses subjacentes e montar uma pizza maior, sua negociação ainda torna-se posicional, embora agora haja uma oportunidade para ambos os lados obterem pedaços maiores porque a pizza é maior.

DECISA SE A NEGOCIAÇÃO IMPLICA EM FORMALIZAR ACORDOS OU RESOLVER UMA DISPUTA

A segunda pergunta que você deve prestar atenção após tomar a decisão de negociar é se a negociação envolve fazer um acordo ou resolver uma disputa. Em um artigo chamado "A Qualidade Jano de Negociação: Fazendo Acordos e Resolvendo Disputas" (*Negotiation Journal*, abril, 1988), Frank Sander e Jeffrey Rubin resumiram a diferença entre os dois tipos de negociação fazendo referência ao deus romano Jano. Jano tem duas faces, uma que olha para o futuro e outra para o passado.

Como o lado direito de Jano, uma negociação que consiste em fazer um acordo olha para o futuro. A ênfase está na resolução de problemas e na identificação de interesses das partes. Ao contrário, uma resolução de disputas, assim como o lado esquerdo de Jano, tende a olhar para o passado focando em posições e reivindicando o valor de forma adversaria.

Embora a diferença entre fazer acordos e resolver disputas afete sua estratégia de negócios, a resolução de disputa pode ser convertida em uma negociação baseada em interesses. Com frequente, mostro um cenário da vida real aos meus alunos, envolvendo uma disputa entre uma empresa que desenvolveu um pacote de *software* estatístico e o titular da licença. A empresa descobriu que o licenciado estava trabalhando em uma adaptação do *software*, o qual ele planejava vender para outras empresas, violando o acordo de licenciamento. A empresa processou o licenciado por milhões de dólares.

Ao analisar esta situação a partir da perspectiva da empresa de *software*, a maioria dos alunos adotou uma atitude adversária e baseada em uma posição. Eles concluem que têm um caso forte e não recomendam um acordo entre as partes na ação judicial. Mas, alguns alunos reconhecem que ambos os lados podem se beneficiar, trabalhando em conjunto em prol de um objetivo comum. Ao invés de deixar o tribunal determinar quem ganha e quem perde, que é um "jogo de soma zero", ambos os lados podem ganhar através de um plano estratégico de *marketing* que aumenta os lucros totais que excedem a soma de seus lucros separados.

***Ponto essencial*.** Sempre que possível, tente converter uma negociação de resolução de disputas em uma negociação de acordos, buscando interesses subjacentes que podem ser integrados para beneficiar ambos os lados.

Tipos de procedimentos para a resolução de disputas

Vários outros procedimentos de resolução de disputas estão disponíveis quando você não pode resolver através da negociação. Um conflito que surgiu na minha universidade (como relatado no *The Michigan Daily*) ilustra estes processos. Às 4h00 de uma fria manhã de fevereiro, começou a formar perto da quadra de basquete, uma fila de estudantes. Eles queriam comprar as entradas para uma partida de jogo que seria disputada mais tarde naquele dia.

Às 7h00, outra fila começou a se formar em um local diferente. Os estudantes desta fila alegaram que os outros estudantes estavam esperando no local errado e exigiram que eles fossem para o final da fila (das 7h00). Isto causou um conflito, o qual necessitava ser resolvido. Tanto em uma disputa simples como esta ou em outras disputas comerciais mais complexas, vários procedimentos podem ser usados, além de negociação.

Evitar. Como o nome indica, o conflito pode ser resolvido quando uma das partes evita a disputa, cedendo ao outro lado.

Mediação. A mediação é muito parecida com a negociação, exceto pela particularidade de que há uma terceira pessoa, o mediador, que auxilia as partes a resolver o conflito. Pense na mediação como uma negociação assistida.

Arbitragem. A arbitragem também envolve uma terceira pessoa, mas, ao contrário da mediação, essa pessoa tem autoridade para tomar uma decisão. Em um processo típico de arbitragem, as partes litigantes devem acatar a decisão.

Litígio. Assim como acontece com a arbitragem, a terceira pessoa (nesse caso o juiz) deve chegar a uma decisão. Ao contrário da arbitragem, os processos são públicos.

Poder. As partes que se encontram em uma posição de poder pode forçar o outro lado a fazer o que eles querem primeiro.

Na disputa das filas para comprar as entradas, vários procedimentos foram utilizados. Primeiro, a polícia chegou e, agindo como árbitro, decidiu que os estudantes que estavam na fila das 4h00 estavam no lugar errado e lhes ordenou ir para o final da fila das 7h00. Segundo, um representante do departamento atlético agiu como um mediador e fez os arranjos necessários para que todos os alunos conseguissem entradas. Terceiro, em uma reunião na manhã seguinte, os alunos entraram em negociações para evitar que esse tipo de disputa aconteça novamente no futuro.

Perspectivas de procedimentos de resolução de disputas

Independentemente se você estiver envolvido em uma disputa pessoal ou de negócios, você deve considerar várias perspectivas ao selecionar um procedimento de resolução de conflitos.

Perspectiva alternativa de resolução de disputas. Em disputas de negócios, o litígio muitas vezes é visto como o inimigo, pois resulta em custos muito elevados em termos de tempo e dinheiro. Há muito anos, líderes empresariais começaram a questionar por que eles estavam terceirizando disputas comerciais para advogados e o sistema judicial. Um desses líderes, Walter Wriston, CEO da Citicorp, convidou representantes de dez escolas de negócios para uma reunião em Nova York, onde ele enfatizou a importância de caminhos alternativos ao litígio.

Este encontro incentivou escolas de negócios a oferecer cursos de procedimentos de resolução alternativa de disputas (ADR, sigla em inglês): arbitragem, mediação e negociação. Entender esses procedimentos é importante porque as negociações empresariais, muitas vezes incluem a discussão dos procedimentos ADR que serão utilizados em caso de problemas na execução de um contrato. Abordarei mais detalhadamente as ADR no capítulo 10.

Por sinal, os advogados têm sentimentos mistos sobre as ADR. Alguns brincam que ADR significa "queda alarmante na renda" ("*alarming drop in revenue*" em Inglês). De qualquer forma, muitas empresas líderes adotaram as ADR e desenvolveram conhecimentos especializados em seu uso.

Procedimento com um terceiro. Os procedimentos que envolvem um terceiro, litígio, arbitragem e mediação, são importantes para os líderes empresariais por duas razões. Primeiro, eles usam esse procedimento na resolução de disputas com outras empresas. Segundo, no seu dia-a-dia dentro de suas empresas, os líderes usam esses procedimentos quando atuam como terceiros na resolução de disputas entre seus subordinados.

Poder, direitos e interesses. Os alunos costumam usar um marco teórico de poder, direitos e interesses ao descrever outros procedimentos de resolução de disputas da negociação. O poder foi mencionado anteriormente. Os procedimentos orientados são os direitos e a arbitragem, onde um terceiro decide quem está certo e quem está errado. Os procedimentos de interesses orientados são a mediação e negociação.

Embora acadêmico na origem, a estrutura de poder/direitos/interesses, fornece uma ferramenta útil para os gerentes enfrentarem uma disputa. A lista a seguir, parafraseada de um documento interno de uma grande empresa, ilustra as opções de um gerente em caso de uma disputa:

1. *Poder.* Usar o poder para forçar o outro lado a atender as nossas demandas.

2. *Direitos.* Permitir que um juiz ou árbitro decida se estamos certos.

3. *Evitar.* Ceder ao outro lado.

4. *Interesses.* Negociar um acordo com base em nossos interesses subjacentes.

Por exemplo, se sua empresa estiver envolvida em uma disputa com um fornecedor e vários outros fornecedores querem o seu negócio, você pode usar a opção de poder para forçar o fornecedor a fazer o que você quer. Por outro lado, se sua disputa for com um consumidor importante, você pode usar a opção de evitar e ceder, mesmo se você esteja certo de que tem razão.

Usando procedimentos de resolução de disputas ao fazer acordos. Historicamente, a negociação tem sido o principal processo para fazer negócios, enquanto todos os procedimentos descritos anteriormente são utilizados para a resolução de disputas. No entanto, nos últimos anos, os negociadores começaram a usar os procedimentos de resolução de disputa, tais como a arbitragem e mediação ao fazer negócios. Esta mudança será descrita no capítulo 10.

Ponto essencial. Tente converter uma resolução de disputa em uma negociação para fechar acordo, buscando interesses subjacentes. Considere usar as ADR e perspectivas de poder/direitos/interesses ao tentar resolver conflitos. Além disso, tente usar processos de resolução de disputas, tais como a mediação e arbitragem ao fazer acordos.

DECIDA SE VOCÊ ESTÁ ENVOLVIDO EM UMA NEGOCIAÇÃO INTERCULTURAL

Uma negociação intercultural envolve desafios únicos, e o primeiro é determinar se você está em um! Muitas vezes, pensamos que as negociações interculturais envolvem partes de diferentes países, por exemplo, uma negociação entre as partes do Brasil e da Índia. No entanto, visto que muitos países são multiculturais, você pode acabar se envolvendo em uma negociação intercultural com o seu vizinho de porta.

Em uma negociação típica, você primeiro analisa os seus próprios interesses e também os interesses da outra parte. Em seguida, durante a negociação, você tenta determinar se a sua percepção dos interesses da outra parte é precisa.

No entanto, as negociações interculturais trazem consigo dois obstáculos que você deve saltar para identificar os interesses da outra parte. O primeiro obstáculo é o estilo de negociação, também conhecida como a "cultura superficial". O outro obstáculo é compreender os valores e as crenças da outra parte, muitas vezes chamada de "cultura profunda" (Ball & McCulloch, *International Business*).

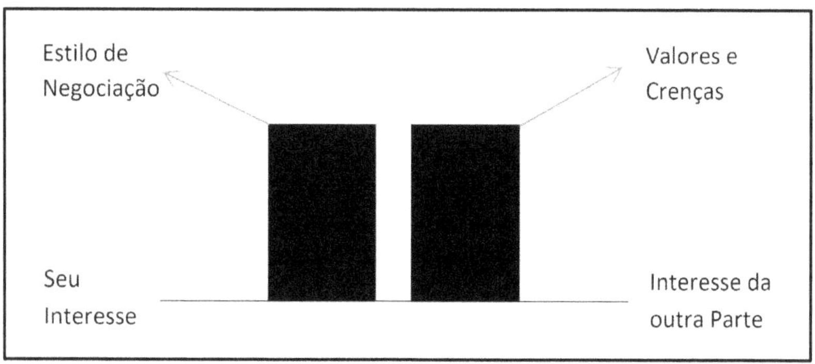

Um dos grandes desafios na superação destes dois obstáculos é que muitas vezes existem variações dentro de uma cultura. Por exemplo, quando eu era reitor associado da escola de negócios Ross, na Universidade de Michigan, uma das minhas responsabilidades era supervisionar um programa onde enviávamos alunos de MBA para a reserva Navajo. Antes da minha primeira visita à reserva, eu tentei aprender sobre a cultura, lendo livros e pesquisando na internet. Descobri, por exemplo, que os apertos de mão na cultura Navajo são fracos e não é educado olhar diretamente para os olhos de alguém.

Ao chegar à reserva, o primeiro Navajo que eu conheci me olhou diretamente nos olhos e me deu um aperto de mão firme. Embora eu tenha me sentido ridículo ao desviar o olhar e oferecer uma mão mole, mais tarde eu aprendi que suas ações não eram comuns. De todo o modo, isso me proporcionou uma lição memorável sobre as diferenças dentro de uma cultura e os estereótipos que devem ser evitados.

Jeswald Salacuse, ex-reitor da "Fletcher School" na Universidade Tufts e um dos maiores especialistas em negociações internacionais, desenvolveu uma avaliação para as negociações interculturais, a qual envolve um processo de três etapas. Primeiro, preencha a avaliação que está no Apêndice C na seção dos Apêndices. Segundo, estime onde a outra parte cai ao longo do espectro de cada item na lista. Terceiro, faça uma análise de brechas: Onde estão as grandes diferenças entre o seu estilo de negociação e o estilo de negociação do outro lado? Isto irá focar as medidas necessárias para a negociação intercultural.

Completar a avaliação e realizar uma análise de brechas é um exercício bastante útil, mesmo quando você não está envolvido em uma negociação intercultural. Porém, em caso de uma, recomenda-se uma quarta etapa. Após identificar as brechas, você deve praticar um exercício de negociação invertendo os papéis, onde você adota o estilo da outra cultura.

Este exercício tem dois benefícios. Primeiro, ele fornece uma compreensão mais profunda sobre o estilo do outro lado, o qual será útil durante a sua negociação. O outro benefício é que este exercício pode fornecer táticas que podem ser aplicadas no futuro.

Por exemplo, muitas vezes eu atribuo um exercício de inversão de papéis aos meus alunos, onde eles estão limitados no que eles podem dizer durante uma negociação. Mais tarde, eles relatam que este exercício lhe permite compreender o poder do silêncio. Por exemplo, ao permanecer em silêncio, o outro lado, muitas vezes, continua falando, revelando informações úteis sobre os seus interesses e BATNA (um conceito que será abordado no capítulo 3). Eles também descobrem que, ao falar pouco, o outro lado ouve mais atentamente o que eles têm a dizer.

A última questão a considerar ao se preparar para uma negociação intercultural está relacionada ao velho ditado: "Quando em Roma, faça como os romanos". Será que isto é um bom conselho para negociadores? Ao negociar em outra cultura, será que você deve adotar o estilo de negociação local?

Responder "sim" a estas perguntas pode causar dois problemas.

Primeiro, se o outro lado adotar a mesma abordagem, você pode se sentir um tanto bobo tentando usar o estilo deles. Certa vez, alguém me contou sobre uma foto de um negociador japonês se encontrando pela primeira vez com um negociador americano. O negociador japonês estendeu os braços para abraçar o americano, e o americano curvou-se, resultando em um abraço vazio.

O segundo problema é que, se você não entender completamente a outra cultura, suas tentativas de imitar o estilo do outro lado podem ser consideradas ofensivas. Um dos participantes do meu seminário de negociação para executivos era o CEO de uma subsidiária estrangeira de uma grande corporação multinacional. Ao contrário de outros expatriados, que muitas vezes vivem em enclaves com outros executivos da empresa de seu país de origem, ele se mudou com sua família para uma pequena vila e mergulhou na cultura local. Devido a esta experiência, ele se sentiu confiante em adotar o estilo de negociação do local, mas ele foi uma exceção.

O melhor conselho que já recebi sobre "quando em Roma, faça como os romanos" foi de um ex-aluno meu do Japão, que subiu para o mais alto nível da maior empresa de seguros de vida no mundo. Quando eu lhe perguntei se os americanos deveriam adotar um estilo japonês ao negociar no Japão, ele respondeu:

> Os americanos devem manter o seu próprio estilo. Claro, é importante respeitar a cultura de cada país. Se respeitarmos uns aos outros, a negociação será confortável e construtiva. Quando eu negociei com americanos, incluindo Jim Robinson (ex-CEO da American Express) e Richard Fuld (ex-CEO da Lehman Brothers), ou pessoas da Europa, incluindo Dr. Breuer (CEO do Deutsche Bank), senti-me muito confortável com o estilo deles, embora eles fossem mais diretos, mais abertos, mais agressivos, e sua atitude mais relaxada, especialmente os americanos. O sucesso da negociação entre empresas de

diferentes países depende do respeito entre as partes, e não do estilo.

Ponto essencial. Faça uma análise de brecha para entender como o seu estilo de negociação difere do estilo da sua contraparte. Tenha em mente que existem variações dentro de cada cultura. Pesquise bastante para evitar uma conduta ofensiva, mas seja cauteloso ao tentar adotar o estilo de negociação da outra cultura.

3 Realize uma análise de negociação

Após determinar o tipo de negociação que você está envolvido (baseada em interesse ou posição; destinada a fechar um acordo ou resolver um conflito; intercultural), você está pronto para realizar uma análise de negociação. Neste capítulo, vamos primeiro explorar as questões gerais que você deve se perguntar ao completar a análise. Em seguida, iremos nos concentrar em dois aspectos específicos da sua análise: suas considerações BATNA quando envolvido em uma negociação de resolução de conflitos e o uso de árvores de decisões para calcular o seu BATNA.

Seis perguntas ao realizar uma análise de negociação

Vamos supor que você está envolvido em uma simples negociação—a venda de um carro. Você está se preparando para negociar com um potencial comprador, Kyle. Kyle é a única pessoa que respondeu ao seu anúncio de vendas. Você precisa de pelo menos $4.000 pela a venda do carro para financiar a compra de um caminhão já encomendado.

Você quer manter o carro por mais três semanas, que é quando o caminhão vai chegar. O valor razoável do carro (com base em várias calculadoras online) é de $5.000. Se você não conseguir encontrar um comprador disposto a pagar pelo menos $4.500, você vai vender o carro para o seu amigo, Terry, por $4.000. Você sabe que o Terry vai deixar você manter o carro pelas próximas três semanas.

Quando eu pergunto aos participantes em meus seminários para discutir sobre a análise e estratégia ao entrar em uma negociação como esta (ou uma negociação ainda mais complexa), muitas vezes recebo respostas vagas, orientadas a fazer perguntas a outra parte. Perguntar é uma tática importante que vamos explorar no capítulo 5. No entanto, os benefícios de perguntar se diluem se você não tiver parâmetros em mente que lhe permitem avaliar as respostas que você recebe. Parafraseando o jogador de beisebol aposentado, Yogi Berra, "se você não sabe onde você está indo, você vai acabar em outro lugar." Abaixo está uma lista de seis perguntas que você deve perguntar a si mesmo para ajudar a entender aonde você quer chegar.

1. **Qual é o meu objetivo geral na negociação? Por que isso é o meu objetivo?** Nesta situação, o seu objetivo é vender seu carro. Você quer vender o carro para poder financiar a compra de um caminhão já encomendado.

2. **Quais assuntos são mais importantes para alcançar este objetivo e por que os mesmos são importantes?** O capítulo 2 enfatiza a importância de ir além do que você quer (sua posição) e perguntar por que você quer isso (seus interesses). Neste caso, as questões-chave (e interesses) são o preço (para que você possa financiar a compra do caminhão) e data de transferência (porque você precisa do carro pelas próximas três semanas enquanto aguarda a entrega de seu caminhão).

3. **Qual é a minha melhor alternativa para um acordo negociado (BATNA)?** Esta sigla entrou no mundo da análise de negociação em 1981 com a publicação do livro *Getting to Yes*. Dito de outra forma, qual é a sua melhor alternativa caso não haja um acordo? Identificar a melhor alternativa é especialmente importante porque isso é o

que lhe dá poder em uma negociação. Com uma alternativa forte, você é mais poderoso na negociação. Nas palavras de um dos meus alunos, você deve "se apaixonar" pela sua BATNA—se ela for forte!

Neste caso, a sua melhor alternativa é vender o carro para o seu amigo Terry por $4.000. Sua vontade de aceitar um preço mais baixo de Terry do que o seu montante mínimo ($4.500) que você necessita de Kyle, ilustra a importância das relações nas negociações. Quando há uma forte relação entre os negociadores, muitas vezes eles são mais flexíveis em suas demandas.

4. **Qual é o meu preço de reserva?** Este é o preço mais alto que um comprador está disposto a pagar ou o menor preço que um vendedor está disposto a aceitar. Nessa negociação, o seu preço de reserva é $4.500.

5. **Qual é o preço mais provável?** Nessa negociação, os fatos indicam que o valor razoável do carro é $5.000.

6. **Qual é o meu objetivo idealista (dificilmente alcançado)?** Este importante conceito também é a parte mais confusa da análise. Seu objetivo idealista em uma negociação como esta é um valor maior do que o preço mais provável pelo ponto de vista do vendedor e mais baixo do que o preço mais provável pelo ponto de vista do comprador.

   Geralmente, os negociadores que definem as metas de crescimento mais ambiciosas são os mais bem sucedidos nas negociações, com uma ressalva importante. Se você não tiver um fundamento concreto para a sua meta idealista, você corre o risco de perder a credibilidade com a outra parte.

   Por exemplo, em 1997, o boxeador Mike Tyson comprou

uma casa de 5.200 metros quadrados, com 18 quartos e 38 banheiros por $2,7 milhões. No ano seguinte, ele tentou vender a casa e definiu uma meta mais do que ambiciosa de $22 milhões. Como não surgiu nenhum comprador, ele finalmente baixou o preço para $5 milhões antes de tirar a casa do mercado. Aparentemente, ele tinha perdido credibilidade. Esta história foi relatada em um artigo intitulado "No Bites on Tyson House" em 25 de janeiro de 2002, no *Wall Street Journal.*

Além do risco de perder credibilidade, não há regras claras sobre como definir metas idealistas. Vamos supor aqui que a sua meta seja $6.000.

Ao responder a estas perguntas, pode ser útil visualizar suas conclusões.

	Preço de Reserva	Mais provável	Idealista
BATNA	4500	5000	6000

Como veremos no capítulo 7, ao considerar a psicologia da negociação, os grandes negociadores têm a capacidade de analisar uma negociação a partir da perspectiva do outro lado. Então, ao se preparar para negociar, você deve tentar estimar as respostas de Kyle sobre essas perguntas.

É claro que esses números não serão exatos e você deverá obter mais informações depois de iniciar as negociações. Mas, por enquanto, vamos supor que o preço de reserva de Kyle (isto é, o máximo que Kyle vai pagar) seja de $5.500, a estimativa de preço mais provável é de $4.500 e a meta idealista é de $3.500. Também podemos partir do principio que a BATNA de Kyle é a compra de um carro.

BATNA	Preço de Reserva	Mais provável	Idealista
	4500	5000	6000

3500 | 4500 | 5500 |
--- | --- | --- | ---
Idealista | Mais provável | Preço de Reserva | BATNA

Com esses números em mente, agora você está pronto para completar a última parte da análise; calcular a zona de possível acordo ou ZOPA (sigla em inglês). Esta é a zona onde o acordo pode acontecer. Neste caso, o preço não será inferior ao seu preço de reserva, $4500, e não superior ao preço de reserva de Kyle, $5500. Veja abaixo uma representação da análise de ambos os lados.

BATNA	Preço de Reserva	Mais provável	Idealista
	4500	5000	6000

Zona de Possível Acordo (ZOPA)

3500 | 4500 | 5500 |
--- | --- | --- | ---
Idealista | Mais provável | Preço de Reserva | BATNA

Há alguns anos, tive a oportunidade de dar um curso para alguns alunos russos na Bulgária. Todas as vezes que eu me referia a ZOPA, (por exemplo, uma vez falei que era bom começar uma negociação com uma grande ZOPA) eles começavam a rir. Quando eu perguntei o que era tão engraçado, me informaram que

ZOPA em russo significa "traseiro". As variações linguísticas são um desafio ao ensinar em um ambiente multicultural!

Esta análise de negociação em especial tem o seu foco no preço. Mas como você deve analisar a outra questão principal que é importante para você—a meta de manter o carro por mais três semanas? Você deve tentar antecipar a resposta de Kyle a este pedido.

Há duas respostas possíveis. Em primeiro lugar, Kyle pode não se importar com a data da transferência. Como um negociador astuto, Kyle pode fingir interesse, a fim de baixar o preço, mas pelo menos você vai alcançar um acordo.

A resposta mais desafiadora pode ser que Kyle precisa do carro imediatamente, de modo que suas duas posições estão diretamente em conflito. Você deve se preparar para essa possibilidade, se movendo além da posição de Kyle ("eu preciso do carro imediatamente"), para explorar interesses subjacentes.

Por exemplo, quando você pergunta a Kyle "por que" ("por que você precisa do carro imediatamente?"), a resposta pode ser que ele precisa do carro para ir trabalhar. Você pode, então, descobrir uma maneira de atender a essa necessidade, fornecendo transporte alternativo ao longo das próximas três semanas. Você pode até mesmo oferecer levar Kyle para o trabalho.

Ponto essencial. Prepare-se para as negociações ao fazer as seis perguntas descritas neste capítulo a você mesmo, e tentar prever como o outro lado vai responder a estas perguntas. Também esteja preparado para procurar interesses subjacentes.

Análise BATNA em uma negociação de resolução de disputa

Como observado anteriormente, BATNA é um conceito fundamental porque lhe dá o poder em uma negociação. Na maioria das transações de negócios, a aplicação do conceito é bastante simples, pois envolve considerar ofertas alternativas. O conceito se torna mais complicado nas negociações de resolução de disputas, onde, em última instância, a BATNA pode ser um processo judicial.

O cenário de resolução de disputas requer uma compreensão básica de, primeiro, o processo judicial e, segundo, as técnicas para avaliar os resultados do litígio. Esta seção irá analisar o processo de litígio e na próxima seção veremos uma ferramenta para avaliar os resultados em ambos os tipos de negociação, tanto para fazer um acordo quanto para resolver uma disputa.

Esta explicação do processo litigioso irá examinar as diferenças fundamentais entre o litígio nos Estados Unidos e em outros países. Em uma economia global, é especialmente importante entender essas diferenças para que você possa tomar decisões sobre estratégia de litígio e possibilidades de acordos. Aqui estão cinco importantes diferenças.

1. **Honorários de contingência.** Nos Estados Unidos, os advogados são contratados com base em honorários de contingência, o que significa que seus honorários estão condicionados ao resultado do caso. Por exemplo, se um advogado contratado em uma base de contingência de 30% ganhar um caso de $10 milhões, a taxa seria de $3 milhões. Se o advogado perder o caso, a taxa seria 30% de zero. Nos últimos anos, o sistema de taxa de contingência se espalhou para vários países além dos Estados Unidos.

2. **Indenização por danos punitivos.** Em países de todo o mundo, a finalidade dos “danos” é compensar, indenizar e ressarcir uma parte lesada por outra pessoa. Além disso, em determinadas circunstâncias, nos Estados Unidos, os tribunais podem impor sanções punitivas, estabelecidas para punir alguém por ações intencionais, maliciosas ou

negligentes.

3. **Evidência.** Nesta etapa do processo, os advogados apontam provas e evidências. Os tribunais norte-americanos sempre tiveram uma abordagem liberal, no sentido de permitir que os advogados, investiguem e reúnam provas, e até mesmo extraiam documentos comprovativos detidos pela parte contrária do processo.

4. **Júri.** Diferentemente da maioria dos países, nos EUA, os júris estão autorizados a tomar decisões em processos civis.

5. **"Regra americana".** Nos EUA, a regra tradicional é que cada lado deve pagar os honorários de seus respectivos advogados, mesmo após ganhar o caso. Outros países seguem a regra, "perdedor paga" (também conhecida como "a regra de qualquer lugar, exceto os EUA"), onde a parte vencida deve pagar os honorários advocatícios do vencedor.

Esses recursos do sistema dos EUA, combinados entre si, podem tornar um litígio em uma atraente BATNA para os autores. Por exemplo, se eu contratar um advogado com honorários de contingência para lhe processar, você iria contratar seu próprio advogado para defender o caso. Se o tribunal rejeitar o processo, eu não devo nada ao meu advogado porque o honorário dependente de um bom resultado. E sob a regra americana, eu não precisaria pagar os seus honorários advocatícios, embora eu tenha perdido.

Para ilustrar esses cinco elementos do sistema dos EUA, vamos examinar um caso decidido pelo Supremo Tribunal do Tennessee, *Flax v. DaimlerChrysler* (272 S.W.3d 521). Neste caso, um avô conduzia um carro Dodge Caravan com três passageiros, um amigo que estava sentado no banco da frente, sua filha do motorista no banco de trás e seu neto de 8 meses também no banco de trás. Uma caminhonete, bem acima do limite de velocidade, colidiu com parte de trás do carro, causando com que o encosto do banco do passageiro se soltasse, esmagando o bebê, que não resistiu aos ferimentos.

Embora não tenha sido discutido no caso, podemos supor que a negociação entre o fabricante do carro e os pais foi bem sucedida, e o caso seguiu para uma decisão judicial (BATNA). Nós também podemos supor que os pais contrataram um advogado, pactuando **honorários de contingência**.

Os processos começam com a apresentação de uma queixa. Em sua queixa contra o fabricante, os pais do bebê alegaram que os bancos estavam com defeito e que a empresa não conseguiu alertar os consumidores. Ao responder à acusação, a empresa negou que os assentos eram defeituosos.

A próxima etapa após a queixa e resposta é a **descoberta**. Neste caso, o advogado dos pais descobriu que a equipe de segurança da empresa havia concluído que "os bancos eram inadequados para proteger os consumidores". A empresa havia ordenado a destruição das minutas de uma reunião em que esta questão havia sido discutida, além de dissolver a equipe e despedir o gerente.

A próxima etapa é o **julgamento**, onde um júri concedeu aos pais $5 milhões em danos causados pela morte de seu bebê por negligência e mais $98 milhões em **danos punitivos**. O julgamento e os tribunais de apelação, eventualmente, reduziram os danos punitivos para $13.4 milhões, de modo que, em última análise os danos totalizaram $18.4 milhões. Apesar de não ser discutido pelo tribunal, podemos supor que, sob a **regra americana**, os honorários advocatícios dos pais foram deduzidos deste total e não pagos pela empresa.

Uma característica que o sistema dos EUA, infelizmente, compartilha com outros sistemas jurídicos é que o processo leva muito tempo. Neste caso, o acidente ocorreu em 30 de junho de 2001; e a decisão final sobre o caso foi alcançada quase oito anos depois, em 26 de maio, 2009.

Ponto essencial. Ao negociar a resolução de um litígio, a sua última BATNA pode ser contenciosa. Esta BATNA, muitas vezes não é atraente, especialmente nos Estados Unidos, que deve incentivá-lo a tentar chegar a um acordo.

Use árvores de decisão para calcular a sua BATNA

Nesta seção, iremos analisar as árvores de decisão, que são ferramentas valiosas usadas para calcular a sua BATNA, tanto para fechar um acordo quanto para resolver uma disputa. Esta ferramenta também é útil para tomar outros tipos de decisões pessoais (será que eu devo fazer uma cirurgia no joelho?) e decisões de negócios (será que eu devo investir em um empreendimento arriscado?).

Calcule sua BATNA em uma resolução de disputas. Em primeiro lugar, vamos observar o uso de uma árvore de decisão para calcular o valor máximo da sua BATNA em uma negociação de resolução de disputas, um julgamento. Suponha que a sua empresa tenha processado um fornecedor por $4.6 milhões. Seu advogado aconselha que existe uma probabilidade de 50-50 de ganho. O valor total dos gastos totaliza $400.000.

Durante as negociações, o fornecedor oferece para fazer um acordo de $2 milhões. Será que você deve aceitar a oferta? Como em qualquer negociação, a sua resposta vai depender da sua BATNA. Embora suas emoções e atitudes em relação ao risco possam entrar em jogo, vamos examinar como uma árvore de decisão pode ser usada para calcular logicamente o valor da sua BATNA.

O primeiro passo desta técnica de análise é representar a decisão como um quadrado ou retângulo, enquanto os círculos representam incertezas. Este passo no processo é útil para esclarecer o seu pensamento, mesmo se você parar por aqui.

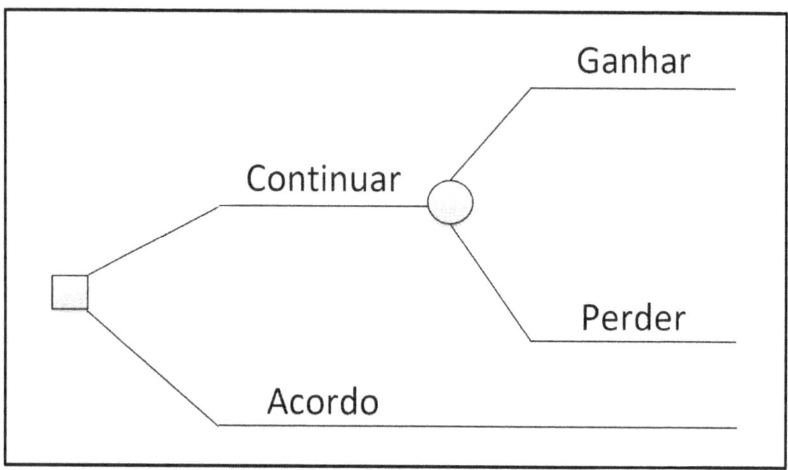

O segundo passo do processo é adicionar os números à árvorc. A probabilidade de ganho de 50% é mostrada no circulo de incerteza e as consequências financeiras são apresentadas nos pontos finais de cada ramo. As despesas legais foram abatidas para chegar a um total de $4.2 milhões.

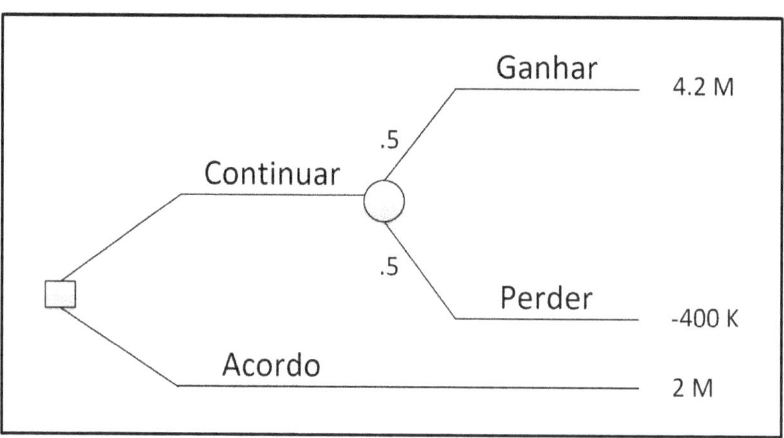

Finalmente, o valor esperado em caso de continuar com o processo é obtido calculando a média ponderada das duas possibilidades incertas. Cinquenta por cento dos 4.2 mais 50% de $400.000 negativos, que é igual a $1.9 milhões. Isso é menos do que o valor oferecido no acordo de $2 milhões, de modo que a lógica seria aceitar a oferta porque é melhor do que a sua BATNA (continuar com o litígio).

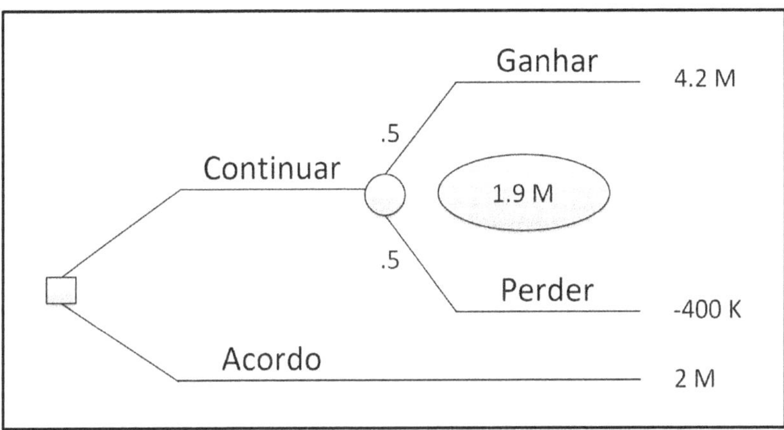

Calcule sua BATNA para fazer um acordo. A mesma técnica pode ser usada para calcular a sua BATNA para fazer um acordo. Vamos dizer que você está negociando para adquirir a empresa A, que foi avaliada em $21 milhões. Se você comprar A, há uma chance de 90% de o governo desafiar a aquisição e 60% de chance do governo ganhar. Se o governo ganhar, o valor da empresa A vai cair para $14 milhões em virtude dos honorários e custos legais. Mesmo se o governo perder, o valor da empresa vai cair para $19 milhões, por causa das taxas legais.

Sua BATNA é adquirir a empresa B. B foi avaliada em $15 milhões e está disponível pelo mesmo preço da A. Você tem certeza de que o governo não vai desafiar a aquisição da B. Então, você seguiria com a compra da A ou focaria na sua BATNA, a compra da B?

Uma análise de árvore de decisão segue as mesmas etapas descritas anteriormente. Você começa com uma imagem da decisão que se parece com uma árvore de lado. No entanto, neste caso, existem duas incertezas que se ramificam a partir da decisão de adquirir A: (1) se o governo irá desafiar a aquisição e, em caso afirmativo, (2) se o governo irá ganhar.

Após desenhar a árvore, em seguida você atribui probabilidades: 90% de chance de o governo desafiar a aquisição e 60% de chance do governo ganhar. Você também deve acrescentar as consequências financeiras no final de cada ramo da árvore de decisão.

Finalmente, você calcula as médias ponderadas para obter um valor esperado de $16.5 milhões, caso você adquira a empresa A. A lógica lhe aconselha a seguir adiante com a aquisição da empresa A, porque o valor é superior aos $15 milhões, valor da sua BATNA (aquisição da empresa B).

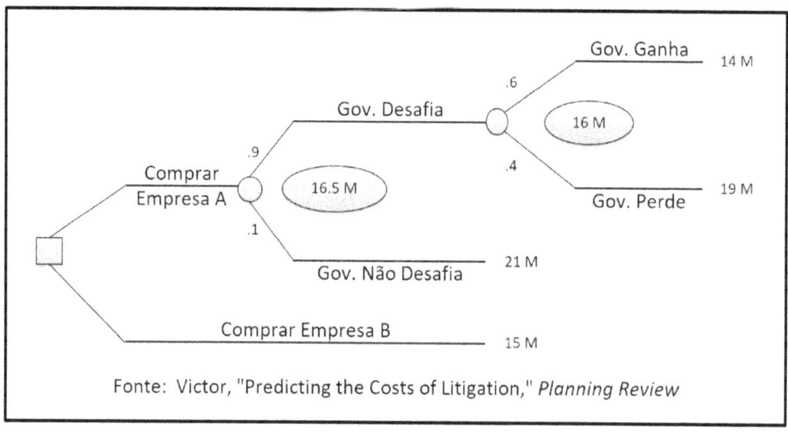

Fonte: Victor, "Predicting the Costs of Litigation," *Planning Review*

Ponto essencial. As árvores de decisão são ferramentas valiosas para calcular a sua BATNA em ambos os tipos de negociações, tanto de acordo quanto de resolução de disputas. Esta ferramenta também é útil para tomar várias outras decisões pessoais e comerciais.

4 Decida como responder a questões éticas

Nenhuma outra atividade humana testa seus padrões éticos tanto quanto uma negociação. Às vezes, tomar uma decisão ética é considerada, por certos professores e autores de negociação, como um assunto "mole" sem normas definidas. Na verdade, existem orientações gerais que você deve ter em mente antes de iniciar qualquer negociação.

Neste capítulo, vamos primeiro nos concentrar nas normas estabelecidas pela lei, aplicáveis sempre que você enfrentar dilemas éticos durante as negociações e, em seguida, iremos examinar os padrões éticos gerais.

Use padrões éticos com base na lei

Para conceituar a relação entre a lei e a ética, visualize dois círculos sobrepostos. O círculo à esquerda representa os princípios jurídicos e o círculo à direita representa os princípios éticos.

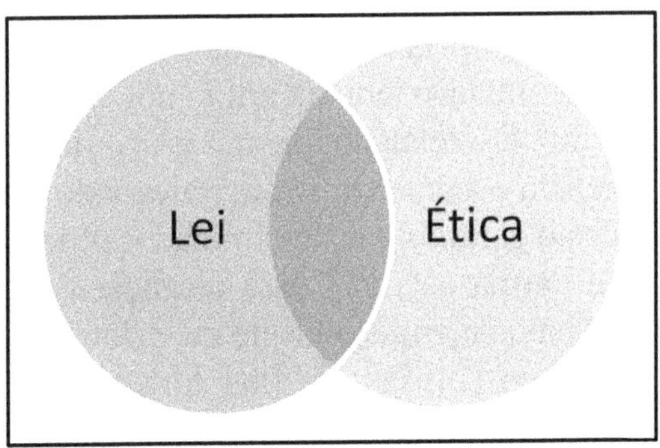

A parte do círculo jurídico que não sobrepõe o círculo ético representa as normas jurídicas que têm pouco ou nada a ver com a ética. Por exemplo, a lei em alguns países exige que você dirija no lado direito e em outros países no lado esquerdo. Isto é simplesmente uma regra estabelecida meramente por conveniência, sem nenhuma implicância com questões éticas.

A parte do círculo ético que não sobrepõe o círculo jurídico representa situações em que a lei não fornece orientação para os dilemas éticos que você irá enfrentar. Se você vir uma criança caindo em uma piscina, a lei (pelo menos nos Estados Unidos) não exige que você resgate a criança. Portanto, você deve contar com padrões éticos para decidir como agir.

A sobreposição entre os círculos representa as áreas onde as regras jurídicas estão estreitamente vinculadas com os princípios éticos. "Não matarás" é um padrão ético, bem como uma regra jurídica. Com relação a esse tema, veremos três padrões éticos baseados em normas jurídicas, que são especialmente úteis quando você enfrenta dilemas éticos durante as negociações: fraude, dever fiduciário e práticas abusivas.

Fraude. A fraude pode ser definida como uma representação falsa (afirmação) de um fato essencial no qual se baseia o outro lado. Em outras palavras, é ilegal mentir sobre fatos que o outro lado se apoia durante as negociações.

A falsa declaração deve incidir sobre um ato que vai além do simples exagero da própria realidade da publicidade. Por exemplo, para ilustrar a situação, em um artigo nos *EUA Today*, de 26 de fevereiro de 2014, é relatado que um grupo de consumidores processou o ciclista Lance Armstrong, alegando que ele havia cometido fraude ao garantir que determinados produtos energéticos eram a sua "arma secreta" para alcançar o sucesso. Eles sentiram que ele havia mentido porque sua principal arma secreta havia sido o *doping*. Um juiz de Los Angeles rejeitou o caso depois de concluir que a declaração de Armstrong era uma publicidade exagerada.

Às vezes, até mesmo afirmações que, tecnicamente são verdadeiras, podem ser consideradas fraudulentas caso precisem de mais esclarecimento. Por exemplo, um casal em Washington estava interessado em comprar um hotel. Durante as negociações, o proprietário forneceu a eles informações sobre a renda mensal.

Após concluir a compra, eles aprenderam que o hotel era uma fachada para uma casa de prostituição e a renda mensal informada tinha essa atividade como base. O tribunal em *Ikeda v. Curtis* (261 P.2d 684) proferiu, permitindo a recuperação de dano aos compradores, indicando que:

> Uma representação literalmente verdadeira é acionável se usada para criar uma impressão substancialmente falsa. Nesse caso, não houve deturpação quanto ao montante da renda. . . . [O proprietário], no entanto, enganou os autores ao não revelar a fonte da renda.

Há duas áreas onde a tentação de dizer mentiras deliberadas é especialmente forte durante as negociações. Primeiro, suponha que eu esteja negociando comprar sua casa. Você ofereceu a casa por $300.000. Durante as negociações eu pergunto se você aceita $250.000 pela casa. Você responde "absolutamente não", quando na verdade você aceitaria qualquer valor acima de $240.000. Em outras palavras, você está blefando sobre o seu preço de reserva de $240.000.

A sua mentira deliberada sobre o preço de reserva é um ato fraudulento? Provavelmente não. Este tipo de blefe faz parte do jogo de negociação que o outro lado pode estar esperando. Para usar o texto sobre a definição de fraude acima, a sua declaração não deve ser considerada como um "fato material que é invocado pela outra parte". Como observado no comentário sobre as regras de conduta profissional para advogados:

> De acordo com as convenções geralmente aceitas na negociação, determinados tipos de declarações normalmente não são aceitos como declarações de fato materiais. As estimativas de preço ou valor de uma transação e as intenções de uma das partes em aceitar um acordo normalmente fazem parte desta categoria . . .

Embora a lei possa não lhe permitir entrar no jogo de negociação nessas circunstâncias, você ainda deve considerar os padrões éticos gerais discutidos mais adiante neste capítulo. Você também deve perceber que, até mesmo a lei tem limites sobre o quão longe você pode ir quanto ao jogo de negociação.

Por exemplo, na negociação da venda da sua casa, e se você contasse outra mentira afirmando que há outros compradores dispostos a pagar os $300.000 que você está pedindo, quando na verdade não há nenhum outro comprador? Em outras palavras, você está mentindo para mim sobre a sua BATNA. Neste cenário, há precedente para lhe responsabilizar caso eu comprasse a sua casa com base nesta mentira.

Dever fiduciário. Um dever fiduciário é o direito mais elevado de confiança e lealdade, o tipo de serviço que os agentes (incluindo empregados) devem os seus princípios. Suponha, por exemplo, que um desenvolvedor imobiliário lhe contrate a fim de obter um empréstimo de $10 milhões de uma instituição financeira. O desenvolvedor lhe promete uma comissão de $50.000. Você cumpre com sucesso a sua função e, como resultado de fechar o negócio de forma satisfatória, a instituição financeira paga a você uma taxa de corretagem por intermediação.

Se o desenvolvedor se recusar a pagar, você terá direito à comissão de $50.000? Não, disse um tribunal em Georgia em *Spratlin v. Hawn* (156 S.E.2d 402). O agente (você), nesse caso, violou o dever fiduciário em dívida para com o desenvolvedor, ao aceitar a taxa de corretagem por intermediação. Um agente não pode "comprometer-se na tentativa de servir a duas partes com um interesse contrário. . . ." Nesta situação, o agente deveria ter revelado a condição de agência dupla a ambos os diretores.

Práticas abusivas. O termo "prática abusiva" em inglês, *unconscionability*, é uma das palavras mais difíceis do idioma; no entanto, é um conceito importante nas negociações que ocorrem quando há um desequilíbrio de poder entre as partes. Em essência, a lei exige que você aja de forma moral quando você se encontra no lado com mais poder.

Os tribunais focam em duas questões para decidir se um contrato é ou não abusivo. Em primeiro lugar, eles verificam o processo de negociação: a parte mais fraca foi forçada a aceitar os termos do contrato por causa do poder desigual de barganha? E em segundo lugar, eles verificam o assunto do acordo: as cláusulas do contrato são inaceitáveis a fim de violar os princípios básicos, tais como a moralidade, boa fé e boas maneiras?

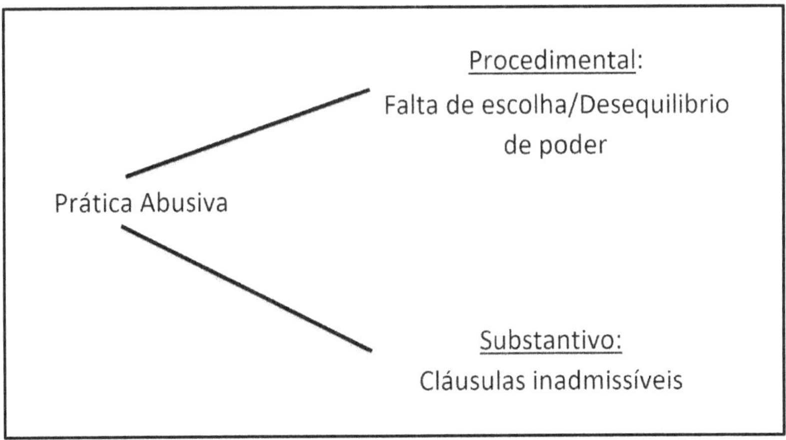

Um exemplo de "prática abusiva" envolveu o restaurante Hooters, que havia adotado um programa alternativo de resolução de litígios. Como parte do programa, os funcionários deveriam assinar um acordo, pelo qual eles aceitavam todas as disputas que se referiam à arbitragem de questões trabalhistas, incluindo reclamações relativas a assédio sexual no trabalho. Uma garçonete Hooters que havia assinado o contrato entrou com uma ação de assédio sexual no tribunal federal.

Quando o restaurante argumentou que ela deveria recorrer à arbitragem em vez de ir a tribunal, o tribunal concluiu que a convenção de arbitragem foi injusta e um tribunal de apelação concordou, observando que as regras da convenção de arbitragem eram "tão unilaterais que a única finalidade era minar o princípio da imparcialidade do processo judicial."

Entre as razões que levou a esta decisão: os árbitros foram selecionados de uma lista criada pelo Hooters. O restaurante poderia cancelar a convenção de arbitragem, mas os funcionários não. E o restaurante poderia mudar as regras da arbitragem a qualquer momento. (*Hooters v. Phillips*, 173 F.3d 933)

Mesmo quando as suas negociações não são legalmente inadmissíveis, há outras razões para ter cautela ao exercitar o poder quando as negociações são unilaterais. Uma razão é resumida em uma famosa citação de J. Paul Getty: "Meu pai me disse: você nunca deve tentar ficar com todo o lucro de um acordo. Deixe a outra parte obter também algum ganho, pois se a sua reputação for a de sempre ficar com tudo, você não terá muitos acordos".

Outra razão para ter cautela é que o equilíbrio de poder pode mudar no futuro. Um executivo sênior de um dos meus cursos trabalhava para uma empresa que assinava contratos avaliados em mais de $100 milhões com empresas de transporte. Durante um momento de economia fraca e uma capacidade de transporte em excesso, a empresa se manteve firme para negociar preços muito baixos. Quando os contratos terminaram três anos mais tarde, foi a vez da empresa de transporte ser firme, pois naquela época a economia havia melhorado e ela havia desenvolvido fortes BATNAs.

Use normas éticas gerias além da lei

Quando as orientações jurídicas não são úteis, existem outras opções para resolver dilemas éticos durante as negociações. Veja abaixo alguns exemplos.

Normas organizacionais. Se o seu dilema ético surgir no trabalho, você deve analisar o código de conduta de sua empresa. Como observa Lynn Paine, professora da escola de negócios da Harvard, os padrões da sua empresa podem estar voltados ao "*compliance*" (cumprimento, conformidade), onde o objetivo é prevenir responsabilidades ao cumprir a lei. Ou a empresa pode estar focada na integridade, onde o objetivo é incentivar uma conduta responsável, através das normas que vão além da lei. ("Managing for Organizational Integrity", *Harvard Business Review*). Ou a empresa pode ter uma combinação de ambas as estratégias.

Um exemplo de foco na integridade surgiu em 1982, quando a empresa Johnson & Johnson enfrentou um grande dilema. Sete pessoas morreram por envenenamento por cianeto após ingerir Tylenol:

- uma menina de 12 anos
- um carteiro de 27 anos, seu irmão e cunhada
- uma mãe de 27 anos (se recuperando do parto se seu filho)
- uma comissária de bordo de 35 anos
- um funcionário de escritório de 31 anos

Alguém adicionou o veneno no Tylenol ao adulterar as embalagens em uma loja. A polícia nunca conseguiu encontrar o criminoso.

Tylenol era um produto importante para a empresa, gerando 15%

de seu lucro. Durante um período de quatro dias de intensas negociações sobre como lidar com a situação, a empresa considerou fazer um *recall* do produto, bem como 150 outras possíveis medidas. Na decisão final, a empresa recorreu ao seu lema: "acreditamos que nossa primeira responsabilidade é para com os médicos, enfermeiros e pacientes, mães e pais, e todos os demais que usam nossos produtos e serviços".

Com este lema em mente, a decisão tornou-se muito mais simples: fazer um *recall* do produto. Cerca de 31 milhões embalagens foram recolhidas ao redor de todo o país, resultando em uma perda de $100 milhões. Um mês após o *recall*, a empresa desenvolveu embalagens de vedação tripla e dentro de dois anos recuperou a maior parte de sua participação no mercado.

Alguém que você admira. Quando você se encontrar em uma situação de dúvida, pense em alguém que você admira e se perguntar o que essa pessoa faria para resolver o dilema. Essa pessoa pode ser alguém que você leu a respeito, talvez uma figura histórica, ou alguém que você observa no trabalho.

Um advogado da Qualcomm explicou por que ele admirava o CEO da empresa, Irwin Jacobs. Durante as negociações, o outro lado acidentalmente enviou um fax ao advogado que, aparentemente, continha informações confidenciais sobre as negociações. "Eu corri para o escritório de Irwin com o fax", ele conta, "mas antes mesmo que eu pudesse começar a ler, ele me perguntou, 'o fax era para nós?'. Quando eu disse a ele que não, ele disse, 'devolva'. Saí com o rabo entre as pernas. Ele é uma pessoa muito ética. A maioria das pessoas teria lido esse documento." (*National Law Journal*, 31 de janeiro, 2000).

Testes dos jornais e da família. Você se sentiria confortável ao contar para a sua família sobre suas ações durante uma negociação? Como você se sentiria ao ler sobre suas ações na primeira página do jornal local? Por vezes, estes dois testes andam de mão dadas. Como o lendário investidor Warren Buffett disse: "Depois que meus funcionários obedecem a todas as regras, eu quero que você se pergunte se eles estão dispostos a ver seus atos publicados na primeira página do jornal local no dia seguinte, e que o mesmo possa ser lido por suas esposas, filhos e amigos".

Regra de ouro. A regra de ouro faz parte de todas as grandes religiões do mundo. Embora possam existir diferentes formas em sua formulação, a regra basicamente sugere que você deve tratar os outros como você gostaria de ser tratado.

Esta regra encontra-se estreitamente vinculada com noções de justiça. Em meu curso de negociação, por vezes, eu organizo um jogo chamado de "jogo do ultimato". (Guth, et al., "An Experimental Analysis of Ultimatum Bargaining", *Journal of Economic Behavior and Organization*). Cada pessoa em um lado da sala de aula (os "alocadores") recebe um valor imaginário de $1000, o qual deve dividir com alguém do outro lado da sala (os "destinatários").

Os alocadores determinam como o dinheiro será dividido. Por exemplo, um alocador pode ficar com $999 e dar $1 ao destinatário. Os destinatários podem aceitar ou rejeitar a decisão do alocador. Se eles aceitarem a decisão, o dinheiro é dividido de acordo com a divisão do alocador. Se eles rejeitarem a decisão, ambas as partes não recebem nada. Este é uma decisão única "pegar ou largar", e não uma negociação.

Em uma classe típica, muitos dos "alocadores" optam por dividir o valor em 50%, o que é aceitável para os destinatários. Porém, os alocadores ambiciosos acabam dando $100 aos destinatários, e ficando com $900 para si mesmos, e nestes casos, os destinatários geralmente rejeitam a divisão, de modo que ambos os lados acabam com nada.

Quando eu questiono os destinatários sobre a sua BATNA, eles percebem que é zero. Então, se eles raciocinarem de forma econômica, eles poderiam aceitar um centavo como sua parte da divisão. Mas, em vez disso, muitos deles insistem em mais de $100.

Quando depois eu pergunto aos destinatários para explicar a razão de rejeitar valores bem acima da sua BATNA, as respostas se resumem a justiça. Eles não acham justo que os alocadores deem a eles uma pequena percentagem do total e estão dispostos a desistir de $100 dólares para punir os alocadores.

Com esse exercício prático, aprendemos duas lições. Primeiro, como a outra parte se interessa em um tratamento justo durante o processo, desenvolver uma reputação de se justo pode reduzir seus custos de transação em futuras negociações.

Por exemplo, em um processo de aquisição de empresas, geralmente as partes gastam milhões de dólares durante o processo de negociação em "*due diligence*". Mas, quando Warren Buffet decidiu comprar uma empresa $23 milhões da Wal-Mart, as partes realizaram uma reunião de duas horas que acabou com um aperto de mão. Por quê? Wal-Mart tinha uma reputação sólida. Nas palavras de Buffet, "Não fizemos uma 'due diligence'. Sabíamos que tudo seria exatamente como a Wal-Mart havia dito, e foi." (Covey, *The Speed of Trust*)

A segunda lição do exercício prático anterior é ter certeza que você entendeu o papel da justiça em seu próprio processo de tomada de decisão. Você está disposto a fazer um grande sacrifício financeiro para punir alguém que tenha sido tratado injustamente? Quando alguém te engana, você está disposto a gastar tempo e dinheiro para acionar a outra parte judicialmente? Não há nenhum mal em tomar decisões onde suas noções de justiça e equidade superam as considerações financeiras, desde que você esteja ciente sobre o que impulsiona o seu comportamento e suas consequências.

Comportamento antiético da outra parte

Até agora neste capítulo, nós falamos sobre as orientações que você pode seguir ao ser confrontado com dilemas éticos. Mas e se o outro lado estiver agindo de forma antiética? Você sabe determinar se o outro lado estiver mentindo durante uma negociação? Há boas e más notícias.

A má notícia é que é muito difícil dizer quando alguém está mentindo. Pesquisas concluem que os estereótipos de mentirosos desviarem o olhar ou pigarrear são mitos (e não há nenhuma evidência que 'nariz de mentiroso cresce'!). Em um estudo, um pesquisador conseguiu identificar apenas 31 mentirosos em um total de 13.000 pessoas testadas. ("Deception Detection", *Science News*, 27 de julho de 2004).

A boa notícia é que os negociadores provavelmente estão mais dispostos a enganar o outro lado por omissão (enganar o outro lado ao não falar nada) do que dizer algo falso. Uma pesquisa identificou uma inclinação para a omissão, a tendência humana de pensar que a ação imoral é pior do que a inação imoral. A moral aqui é que, ao questionar rigorosamente a outra parte, ela pode não estar disposta a dizer uma mentira direta, permitindo assim que você descubra suas omissões enganosas.

Ponto essencial. Quando confrontado com dilemas éticos durante as negociações, use como guia os três padrões éticos com base na lei: fraude, dever fiduciário e práticas abusivas. Antes de começar uma negociação, selecione pelo menos um dos padrões éticos gerais para aplicar caso, durante a negociação, surja alguma preocupação que vá além da lei.

II USE AS PRINCIPAIS ESTRATÉGIAS E TÁTICAS DURANTE AS NEGOCIAÇÕES

5. Desenvolva seus relacionamentos e poder
6. Compreenda o papel dos agentes em uma negociação
7. Use ferramentas psicológicas e evite as armadilhas

5 Desenvolva seus relacionamentos e poder

Após terminar a sua preparação (determinando o tipo de negociação, realizando uma análise de negociação e decidindo como lidar com questões éticas), agora você está pronto para mergulhar na negociação. No início da mesma, você deve se concentrar em duas questões preliminares, as quais são abordadas neste capítulo: conhecer a outra parte em um nível pessoal e desenvolver o seu poder.

CONHEÇA A OUTRA PARTE EM UM NÍVEL PESSOAL COMO FORMA DE CONSTRUIR RELAÇÕES

Como eu acabei descobrindo em primeira mão durante uma negociação internacional, a antiga canção "Getting to Know You" da obra *The King and I* deveria ser o tema musical para os negociadores. Como reitor associado da escola de negociação Ross da Universidade de Michigan, eu quis desenvolver um centro para os nossos programas de educação executiva na Europa, após o sucesso de um centro semelhante em Hong Kong.

Eu fiquei sabendo que uma nova universidade francesa estava sendo construída em Paris e tinha esperança de que a universidade estivesse disposta a nos alugar um espaço para executar nossos programas. Sendo assim, eu agendei uma negociação de meio-dia com o presidente da nova universidade e seu diretor da escola de negócios. Eu sabia que seria negociação difícil, pois o mercado imobiliário em Paris é muito caro.

Eu fui a Paris com dois membros da faculdade para a reunião. Na noite antes da negociação, o presidente e diretor nos convidaram para jantar em um restaurante elegante na margem esquerda do Sena (*Rive Gauche*). Ao longo de um longo e relaxado jantar, nós aprendemos que a tese de doutorado do presidente havia sio defendida sobre o poeta Inglês William Blake. Um dos membros da Universidade de Michigan era fanático sobre William Blake e os dois passaram a noite conversando entusiasmadamente sobre as maravilhas de suas poesias.

Felizmente, a negociação na manhã seguinte durou apenas trinta minutos em vez de meio dia (como havia imaginado) e a universidade nos ofereceu um contrato imobiliário com condições bem melhores do que o previsto. Eu devo isso a William Blake e a relação que desenvolvemos na noite anterior a negociação. Em suma, eles confiaram em nós.

A peça "Getting to Know You" tem mais ênfase em algumas culturas do que outras. Por exemplo, na China, desenvolver uma relação com alguém que você confia é considerado mais importante do que negociar um contrato demorado. De acordo com o proeminente empresário Sir Paul Judge, uma das razões para isso é que "Os tribunais na China são muito lentos quando se trata de processos, por isso é mais importante conhecer a pessoa, do que provavelmente no mundo ocidental." ("Blending Confucius with Aristotle", *China Daily*, 13 de junho de 2014).

Em algumas culturas ocidentais, como os Estados Unidos, muitas vezes os negociadores querem iniciar as negociações imediatamente e não tiram um tempo para conhecer o outro lado. Claro, essa característica não se limita apenas a negociadores norte-americanos (como explicamos no capítulo 2, existem muitas variações dentro de uma mesma cultura).

Por exemplo, uma advogada de Cingapura no meu curso executivo contou uma história sobre suas negociações de livre comércio. Ela fazia parte de uma equipe de cingapurianos que havia sido selecionada para negociar um acordo de livre comércio na Índia. Os cingapurianos foram direto ao assunto, e não tiraram um tempo para conhecer a outra parte, os indianos. Como resultado, as negociações falharam. Mas, após receber um treinamento de negociações interculturais pelo embaixador de Cingapura na Índia, eles voltaram e fecharam um acordo com sucesso.

Conhecer melhor a outra parte durante um jantar ou almoço pode ser bastante benéfico. Uma pesquisa feita por Lakshmi Balachandra, da escola de negócios de Babson, indica que os negociadores que comem juntos produzem os melhores resultados. Ao observar que na Rússia e no Japão, negócios importantes são realizados quase que exclusivamente durante uma refeição e, nos EUA, muitas negociações começam com 'Vamos almoçar', Lakshmi realizou duas experiências para determinar se comer durante uma negociação produziria melhores resultados. Ela chegou a conclusão de que, os negociadores que juntam a negociação e a refeição geralmente "têm benefícios significativamente maiores do que os que não fazem isso" (http://blogs.hbr.org/2013/01/should-you-eat-while-you-negot/).

Conhecer a outra parte durante uma era digital pode trazer certo desafios. Por um lado, alguns especialistas afirmam que em nosso mundo online, a conversa está se tornando uma arte perdida. As seguintes citações sobre como desenvolver uma inteligência conversacional, de um artigo do *Wall Street Journal*, fornecem conselhos úteis ao tentar conversar com a outra parte antes de uma negociação.

- Cuide para não falar demais. Isto significa que você deve evitar o seu assunto favorito . . . .
- Faça muitas perguntas. As pessoas gostam de falar de si mesmo e muitas vezes acham que você é uma pessoa so-

ciável se você falar sobre elas . . . .

- Ouvir é crucial. Dan Nainan, um comediante de Manhattan com 32 anos, aprendeu a resumir o que a outra pessoa diz. ("Então você acha que..." ou "Então, o que você está dizendo é...".) "Uma conversa pode continuar indefinidamente se você fizer isso", diz ele.

  ("How to Be a Better Conversationalist", do *Wall Street Journal*, 12 de agosto de 2013).

Outro desafio é que as próprias negociações estão cada vez mais sendo feitas online. Como resultado, é mais difícil conectar com a outra parte. Isso é lamentável, pois uma pesquisa sobre as imagens do cérebro conduzida pelo Dr. Srini Pillay da escola de medicina de Harvard mostra que a atividade do nosso neurônio espelho durante um diálogo cara a cara. . . gera uma sincronia cerebral que resulta em um sentimento de conexão" (*Entrepreneur*, agosto de 2014). Além disso, estudos realizados por pesquisadores de Harvard e da Universidade de Chicago concluíram que apertos de mão no início das negociações promovem a cooperação entre os negociadores e reduz a mentira (*Handshaking Promotes Cooperative Dealmaking*, Schroeder, et al.).

Porém, existe uma abordagem alternativa quando não for possível realizar uma interação cara a cara. De acordo com uma pesquisa realizada por Janice Nadler da Faculdade de Direito da Northwestern. (*Negotiation*, março de 2007), os negociadores que conversaram no telefone com a outra parte durante cinco minutos antes de realizar as negociações via e-mail "tiveram quatro vezes mais chances de chegar a um acordo" do que os negociadores que não conversaram por esses poucos minutos.

Ponto essencial. Antes de mergulhar em uma negociação, tire um tempo para conhecer melhor o outro lado. Esta estratégia é importante, mesmo quando as negociações são feitas online.

DESENVOLVA O SEU PODER

Há duas fontes de poder na negociação. De um lado, as informações gerais são uma importante fonte de poder. Do outro lado, as informações específicas sobre a sua BATNA (melhor alternativa para um acordo negociado) e a BATNA da outra parte podem ser usadas para aumentar o seu poder e enfraquecer o poder da sua contraparte.

Obtenha informação geral sobre a outra parte

Tenho notado que muitos líderes empresariais e alunos começam meu curso pensando que seu objetivo nas negociações é convencer o outro lado a lhe dar o que eles querem. Eles logo descobrem que o sucesso da negociação depende mais em fazer perguntas e colher as informações do que na persuasão.

Nas palavras do proeminente professor da escola Wharton, Richard Shell, em seu livro de negociação *Bargaining for Advantage*, "A pesquisa sobre a eficácia da negociação ressalta repetidamente um fato simples sobre negociadores espertos: eles se concentram mais em receber informações ao invés de proporcionar informações". Joel Kahn, o meu falecido colega e professor companheiro na Universidade de Michigan, explicava de forma mais simples quando ele lembrava a seus alunos que há uma razão pela qual Deus nos deu dois ouvidos e apenas uma boca.

Para "receber" informações, os negociadores devem não só fazer as perguntas; eles devem ouvir atentamente as respostas. A capacidade de ouvir distingue os negociadores espertos do resto, além de ser uma importante habilidade de liderança. Eu trabalhei por vários anos com uma grande empresa de consultoria internacional. Um dia, durante um almoço, eu fiz a seguinte pergunta a um dos líderes da empresa: "Você tem trabalhado com líderes empresariais em todo o mundo. Por que alguns indivíduos tão talentosos acabam em cargos médios de gestão, enquanto outros sobem para cargos de liderança?"

Sem hesitar, ele respondeu que aqueles que sobem para cargos de liderança possuem dois atributos importantes. Primeiro, eles têm um forte conhecimento conceitual sobre os negócios. Segundo, eles têm a capacidade de "ouvir". Com isso ele quis dizer a capacidade de escutar. Há indícios de que à medida que as organizações se tornam mais planas e magras, a capacidade de escutar se torna ainda mais importante. Como disse o lendário especialista em gestão, Peter Drucker, "O líder do passado sabia falar, o líder do futuro saberá perguntar" (Goldsmith, *Five Global Leadership Factors*).

Infelizmente, os resultados de estudos com tomografia cerebral indicam que a metade da população do mundo não tem a tão importante habilidade de escutar que é essencial em uma negociação e liderança. Especificamente, os homens só são capazes de escutar com metade de seus cérebros. As mulheres provavelmente perceberam isso muito antes desses estudos! ("Study Confirms What Women Know: Men Listen Less", de *Los Angeles Times*, em 29 de novembro de 2000).

Estratégias de poder BATNA

Ao formular perguntas para a outra parte durante as negociações, uma peça de informação é especialmente valiosa—a BATNA do outro lado. A capacidade de se desvincular de uma negociação porque há uma alternativa melhor fornece a você e ao o outro lado com uma fonte de poder. Isto nos leva as três estratégias BATNA.

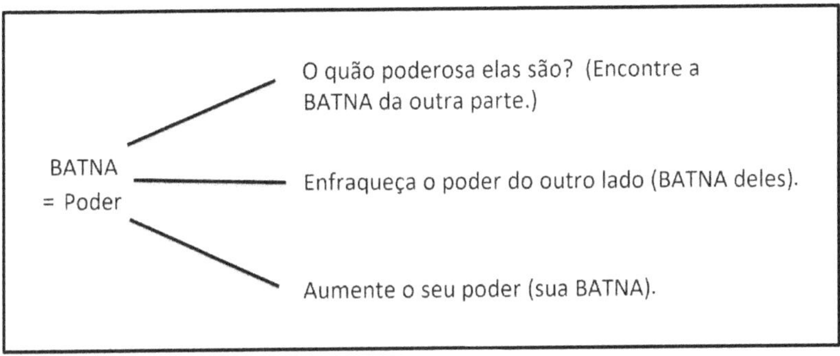

Primeiro, pergunte a outra parte sobre suas alternativas na tentativa de encontrar sua BATNA e determinar o seu poder. Mas lembre-se que eles podem fazer as mesmas perguntas, pela mesma razão. Você irá revelar a sua BATNA ou tentar escondê-la? A resposta geralmente depende da força da sua melhor alternativa. Se ela for sólida, você provavelmente irá preferir divulgar sua BATNA; se for fraca, você deverá escondê-la.

Por exemplo, eu moro perto de Detroit, Michigan, um centro da indústria automobilística. Se eu trabalhasse para um grande fabricante e você fosse um dos meus fornecedores com quem estou negociando, eu provavelmente iria divulgar a minha BATNA antes mesmo de te dar "bom dia". Por exemplo, eu iria dizer que, se você não concordasse com os meus termos, eu iria para um dos outros fornecedores que estavam na fila ao lado da nossa sala de reuniões.

A sua segunda estratégia BATNA é tentar enfraquecer o poder do outro lado alterando a percepção sobre a BATNA deles. Quando eu começo a falar sobre mudar para outro fornecedor, você deve enfatizar a qualidade de seus produtos, sua pontualidade de entrega, o seu histórico de vontade de trabalhar com os meus clientes, nossos esforços para desenvolver novos produtos em conjunto, e assim por diante. Após essa conversa, mudar para outro fornecedor pode não ser tão atraente quanto eu pensava.

A sua terceira estratégia BATNA é aumentar o seu poder ao fortalecer a sua BATNA. Você depende muito das relações com a minha empresa automobilística? Você consegue aumentar o seu negócio com as outras empresas? Você pode desenvolver novas linhas de negócios além da indústria automobilística? Nas palavras de um executivo sênior, "você nunca faria um negócio sem falar com alguém. Nunca." ("AOL's Rough Riders", *The Standard*, 30 de outubro de 2000).

Negociação de coalizão. Quando várias partes estão envolvidas em uma negociação, a estratégia de poder pode tornar-se mais complexa. Por exemplo, um amigo meu, vamos chamá-lo de Joe, estava envolvido em uma negociação com mais duas outras pessoas, vamos chamá-las de Cynthia e Sadie, para formar um negócio de administração de um clube de tênis. Vamos supor que Cynthia fosse uma ex-jogadora de tênis nacionalmente conhecida. Vamos também supor que Sadie era bem conhecida na comunidade de tênis onde o centro seria instalado e Joe era um instrutor de tênis local menos conhecido.

Os três empresários pretendiam contribuir com uma quantidade igual de capitais e nenhum deles iria trabalhar no clube. Eles previram que a fama nacional de Cynthia traria metade da receita, a fama local da Sadie traria 30% da receita e os 20% restantes da receita seriam derivados dos contatos de Joe. Supomos que eles precisassem de pelo menos dois dos três parceiros para formar o negócio.

Em negociações como esta, os cálculos BATNA são difíceis de fazer, se não impossíveis, porque há várias combinações possíveis. Por exemplo, Cynthia e Sadie poderiam formar uma parceria que poderia gerar 80% da receita total, mas Cynthia pode tornar-se gananciosa e exigir a maior parte desse montante. Sadie poderia fazer uma parceria com Joe e pegar a parte maior da receita de 50%, mas Cynthia também poderia oferecer um acordo melhor ao Joe, e assim por diante.

Dada à instabilidade resultante das várias possíveis combinações, calcular uma BATNA seria algo pouco realista. Portanto, o poder deve ser desenvolvido a partir de um sentimento de princípios ou confiança entre as partes. Por exemplo, Joe, como a parte mais fraca, deve enfatizar a importância da equidade e igualdade entre os parceiros, o que pode se traduzir em divisão igual de renda.

Ponto essencial. A informação é uma fonte de poder importante em uma negociação, especialmente informações sobre a BATNA da outra parte. Sua estratégia BATNA é descobrir e enfraquecer a BATNA do outro lado, melhorando simultaneamente a sua própria BATNA.

6 Compreenda o papel dos agentes em uma negociação

Muitas vezes durante as negociações, especialmente negociações comerciais, o outro lado é representado por um agente. Visto que no mundo de negócios isso é muito comum, você deve ter uma compreensão básica das relações da agência. Basicamente, a agência cria um triângulo que envolve um principal, um agente e um terceiro. Por exemplo, os funcionários são agentes que negociam com terceiros em nome de uma empresa (o principal).

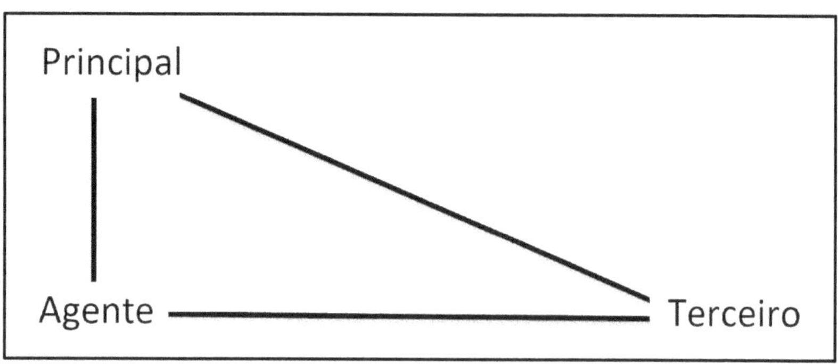

Neste capítulo, iremos nos concentrar principalmente nas negociações através dos olhos de um terceiro (você) que negocia com um agente representando um principal. Mas, antes de voltar ao tema principal, vamos fazer a seguinte pergunta: ao atuar como principal, quais fatores você deve usar para decidir se deve ou não usar um agente nas negociações?

Use cinco fatores para decidir se você deve utilizar um agente

Dois dos meus ex-alunos tornaram-se agentes desportivos. Um deles representou Chris Webber, graduado da Universidade de Michigan, quando ele assinou um contrato com uma equipe da *National Basketball Association* (NBA). O outro, um dos agentes mais bem sucedidos no ramo, representa Kobe Bryant e mais 17 jogadores da NBA.

Suponha que você seja um astro do basquete universitário pronto para começar sua carreira profissional. Será que você deve negociar através de um agente, como esses ex-alunos? Você deve considerar cinco fatores importantes; os mesmos fatores que são importantes ao decidir se você deve negociar um acordo comercial ou judicial através de um agente.

Quem é o melhor negociador, você ou o agente? Para responder a esta pergunta, você deve fazer uma análise de custo-benefício, comparando as vantagens de recrutar um negociador com mais habilidades do que você, e a compensação que o agente receberá.

O agente tem a experiência necessária para resolver os problemas que irão surgir em sua negociação? Se você estiver negociando um contrato com a NBA, você provavelmente não vai querer um agente imobiliário como seu representante.

A negociação envolve uma questão técnica que requer conhecimentos especiais? Se você estiver negociando com um licenciado que está interessado em usar sua tecnologia, você provavelmente deve contratar alguém com experiência em propriedade intelectual. Se a negociação envolve questões jurídicas complexas, você provavelmente deve negociar através de um advogado.

Quanto tempo livre você tem para a negociação e quais são os custos de oportunidade? Se você possui ou gerencia um negócio, pode ser melhor investir seu tempo desenvolvendo produtos e serviços para seus clientes.

Qual é a sua relação com a outra parte? Se você estiver negociando a resolução de uma disputa, muitas vezes faz sentido trazer agentes de fora que não têm nenhum envolvimento pessoal e podem se distanciar do conflito.

Esclareça claramente a autoridade ao negociar com agentes

Quando você for um terceiro e estiver negociando com um agente, há uma questão muito importante que deve ser esclarecida no início da negociação: o agente tem autoridade para fazer um acordo em nome do principal? Se a resposta for não, então a negociação muitas vezes é uma perda de tempo. Esta questão é complicada pelo fato de que existem três tipos de autoridade que o agente pode ter: autoridade expressa, implícita, e aparente.

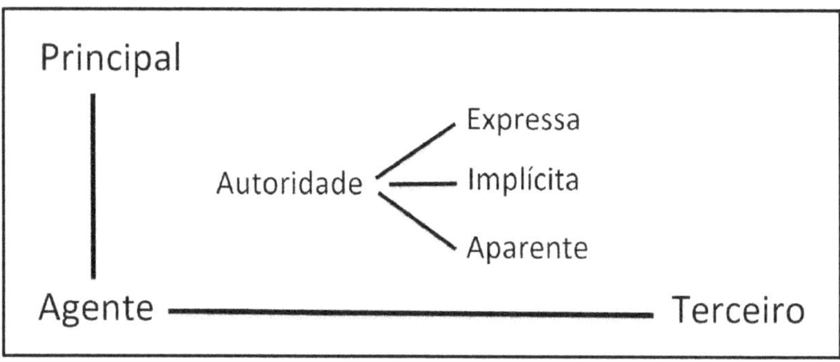

Autoridade expressa. A autoridade expressa é fácil de analisar. O principal, de forma expressa, autorizou o agente a negociar o contrato? Se sim, então o agente tem autoridade. Por exemplo, as empresas geralmente conferem a determinados funcionários ou agentes a autoridade de usar contas da empresa. Se um agente (por exemplo, um contador da empresa) rouba da empresa emitindo cheques para ele mesmo, a empresa (e não o banco) carrega as perdas por causa da autoridade expressa dada ao agente.

Autoridade implícita. O segundo tipo de autoridade, a autoridade implícita, é um pouco mais complicado. Mesmo quando não expressamente estabelecido pelo principal, os agentes contam com certa autoridade implícita para executar as tarefas normais associadas com o seu cargo. Por exemplo, um gerente contratado por uma empresa tem autoridade implícita para comprar equipamentos, contratar e demitir funcionários, pagar as dívidas da empresa, e assim por diante.

Autoridade aparente. O terceiro tipo de autoridade, a autoridade aparente, é ainda mais complexo. A autoridade aparente surge em situações em que, embora o agente não tenha autoridade real, as ações do principal confundem o terceiro, fazendo-o pensar que existe autoridade.

Por exemplo, vamos supor que você tenha um negócio que, durante vários anos, contratou um grupo de fornecedores. Você vende o seu negócio, nome comercial e a lista de fornecedores para um comprador. O comprador efetua um pedido de compra imediatamente de um dos fornecedores, mas não faz o pagamento. Você é responsável? Você não deu autoridade expressa para o comprador e não há nenhuma evidência de autoridade implícita, porque você não contratou o comprador. No entanto, há autoridade aparente com base em suas relações passadas com os fornecedores. Você deveria ter notificado o mesmo sobre a venda do seu negócio.

A autoridade aparente pode complicar a sua estratégia de negociação. Suponha que você tenha contratado um agente para comprar equipamentos de um fabricante. Você dá ao agente uma carta de representação, o qual o mesmo apresenta ao fabricante. De forma particular, você dá ao seu agente, um preço de reserva de no máximo $90.000 pelo equipamento. Se o agente comprar o equipamento por $100.000, será que você é responsável? Sim, porque o agente tinha autoridade aparente resultante da carta. Esta autoridade existe mesmo que o agente não tenha autoridade real para fazer a compra no valor de mais de $90.000.

Decida se a autoridade existe. Dada a importância de saber se a outra parte tem autoridade durante uma negociação, como você determina se existe autoridade? Para ilustrar a resposta a esta pergunta importante, vamos supor que você trabalhe como um funcionário de empréstimo em um banco. Brett está negociando um empréstimo pessoal com você no valor de $25 mil.

A política do banco exige que Brett dê uma garantia caso o empréstimo não seja pago. Brett trabalha em uma empresa importante, e o gerente geral da empresa está disposto a assinar a garantia do empréstimo em nome da empresa. A garantia afirma que "esta garantia é assinada por um funcionário que tem um direito legal para vincular a empresa através da autorização do conselho de diretores".

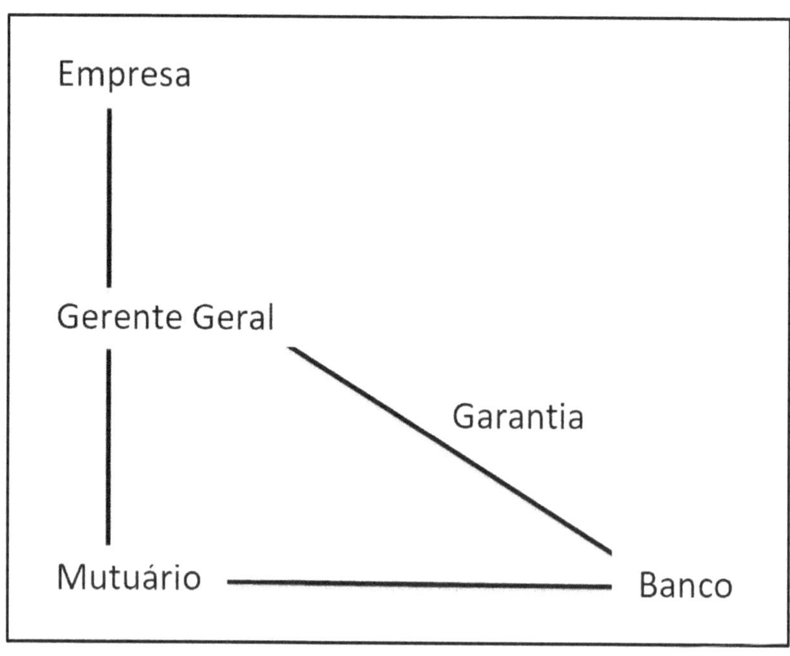

Partindo do principio que você conhece a empresa de Brett e sabe que ela é financeiramente sólida, você faria o empréstimo? Em um caso em Michigan, *In re Union City Milk Co.* (46 N.W.2d 361), um banco que fez o empréstimo aprendeu uma dura lição. Quando o mutuário não pagou o empréstimo, o banco processou a empresa em virtude da dita garantia.

O tribunal decidiu que a empresa não foi responsável. A empresa não tinha dado nenhuma autoridade expressa ao gerente para garantir um empréstimo pessoal do funcionário e não havia nenhuma autoridade implícita, visto que a capacidade de garantir empréstimos pessoais não estava dentro das responsabilidades normais de um gerente. O banco foi quem carregou a perda.

Onde foi que o funcionário do empréstimo (que agora provavelmente está desempregado) errou? Ele fez um bom trabalho ao obter uma garantia por escrito onde a mesma afirmava que o gerente tinha autoridade suficiente para fazer isso. O problema é que a pessoa errada, o agente, afirmou que ele tinha autoridade. A mensagem aqui é: quando você estiver negociando um acordo, nunca pergunte a um agente se ele tem autoridade. Em vez disso, faça essa pergunta diretamente ao principal (neste caso, o conselho de diretores da empresa).

Agentes secretos. Ocasionalmente, você irá negociar com um agente sem nem mesmo perceber. As empresas utilizam agentes secretos por diversas razões, e, embora haja exceções sob a lei local, pelos contratos, você é obrigado a negociar com eles.

Por exemplo, Walt Disney construiu a Disneylândia em Los Angeles, em um espaço relativamente pequeno que logo se viu limitado geograficamente por várias empresas e negócios ao seu redor. Depois, quando a Disney planejou a Disney World, na Flórida, a empresa decidiu adquirir uma propriedade muito maior, porém, se os proprietários soubessem que era a Disney quem estava comprado seus terrenos, os preços iriam subir rapidamente.

Para manter os preços baixos, ele contratou agentes secretos para adquirir as propriedades. Eventualmente, ele acumulou mais de 27.000 acres, "cerca de duas vezes o tamanho de Manhattan, o mesmo tamanho de San Francisco . . . . Assim que todos ficaram sabendo que era a Disney, os preços saltaram do dia para a noite de $183 por acre para cerca de $1.000 por acre. Mas, Walt já havia comprado toda a terra" (http://www.mouseplanet.com/).

Para complicar as coisas, às vezes, a pessoa com quem você está negociando desempenha um duplo papel, tanto de agente quanto de principal. Um amigo meu é um grande negociador e tem tido muito sucesso nos negócios. Ele me contou a história sobre uma negociação que envolveu a compra de uma empresa. As partes se encontraram na bela casa do proprietário, na Floresta Negra, na Alemanha. Meu amigo havia feito uma pesquisa preliminar sobre a empresa antes de começar as negociações. Ele e o proprietário revisaram os termos do acordo enquanto saboreavam deliciosos doces servidos pela governanta.

Finalmente, meu amigo perguntou ao proprietário se ele estava de acordo com as cláusulas. Ele então percebeu o proprietário olhando de canto de olho para a governanta, que balançou a cabeça "não". De repente, meu amigo percebeu que ela tinha autoridade, e isso havia passado despercebido durante a sua preparação.

Mais tarde, ele descobriu que a governanta era amante do proprietário e que ela receberia uma grande percentagem do preço de venda! Sendo assim, o proprietário estava negociando em seu nome, bem como o seu próprio. A boa notícia é que, eventualmente, o meu amigo adquiriu a empresa, e no processo, aprendeu uma lição útil sobre como procurar principais escondidos!

Ponto essencial. Faça as cinco perguntas fundamentais para decidir se você deve usar um agente durante as negociações. No início das negociações, descubra se o agente tem autoridade para fazer um acordo perguntando ao principal (em vez de perguntar ao agente).

7 Use ferramentas psicológicas e evite as armadilhas

Neste capítulo, iremos falar sobre ferramentas psicológicas que podem ser utilizadas na negociação, e também são armadilhas que você deve evitar quando as mesmas são usadas pelo outro lado. Estas ferramentas são especialmente importantes, pois elas não são apenas úteis na negociação, e sim também na tomada de decisão financeira e de liderança. Este capítulo serve como uma lista de verificação que você deverá ter em mãos ao tomar todos os tipos de decisões.

O capítulo cita vários livros, os quais são altamente recomendados se você decidir abordar o tema com mais seriedade. O melhor desses livros, o que eu recomendo, é *Judgment in Managerial Decision Making* por Bazerman e Moore. Outros livros citados neste capítulo são:

- *Decision Traps* por Russo e Schoemaker
- *Influence: The Psychology of Persuasion* por Cialdini
- *Negotiating Rationally* por Bazerman e Neale

Como salientam Bazerman e Moore, existem dois tipos básicos de estudo sobre a tomada de decisão. Um deles, a tomada de decisão prescritiva, aborda como devemos tomar as decisões. Um exemplo é a análise de árvore de decisão estudada no capítulo 3. Com esta abordagem, você pode esclarecer seu processo de tomada de decisão, desenhando em forma de árvore, atribuindo probabilidades e calculando o valor esperado.

O outro tipo, a tomada de decisão descritiva, aborda como os seres humanos realmente tomam suas decisões. Como observado por Bazerman e Moore, na hora de tomar uma decisão, o homem se baseia em simples regras básicas, as quais chamamos de heurística. A seguir você verá um exemplo semelhante a um em seu livro. Suponha que a sua empresa precise de um analista financeiro. Você decidiu recrutar apenas dentre os dez melhores programas de MBA. Essa é a sua heurística.

Como você pode criticar esta heurística? Sem ela, você pode perceber que o melhor candidato para o cargo não faz parte de uma das dez melhores escolas de MBA. Devido a uma variedade de razões financeiras e pessoais, muitos indivíduos talentosos não frequentam as melhores escolas. Além disso, você provavelmente poderá contratar essa pessoa a um salário inferior se comparado com o de um aluno de uma escola de destaque. Como você pode defender esta heurística? Ao longo do tempo, você provavelmente irá encontrar candidatos melhores nas melhores escolas. E ao limitar o número de escolas, você reduz os seus custos de viagem e pesquisa.

A análise custo-benefício utilizada no desenvolvimento de uma heurística como esta pode ajudá-lo a navegar através de um mundo complexo e incerto. A boa notícia, como salienta Bazerman e Moore, é que heurísticas são úteis. De todo modo, compreendê-la é importante para todo negociador e outro tomador de decisão.

Agora iremos analisar nove ferramentas ou orientações que você pode usar em futuras negociações. Elas são baseadas em uma preparação para a tomada de decisão descritiva, e algumas delas têm foco no preconceito de usar heurísticas.

1. Não suponha uma torta inalterável

Vivemos em um mundo competitivo, caracterizado por eventos desportivos. Alguém ganha o torneio Masters de golfe; outros perdem. Alguém ganha o torneio Wimbledon de tênis; outros perdem. Uma equipe vence a Copa do Mundo; outras equipes perdem.

Levamos esse sentimento de competição para as negociações, assumindo que elas sãos disputas pelas fatias de uma torta, onde um lado ganha e o outro perde. Como observa Bazerman e Moore, a premissa da torta inalterável é uma tendência fundamental que distorce o comportamento dos negociadores: "Ao negociar determinado assunto, as partes presumem que seus interesses estão necessária e diretamente em conflito com os interesses do outro lado".

Ao reconhecer essa tendência, o desafio é perguntar se os interesses do outro lado estão realmente em conflito com o seu próprio. Ao realizar uma análise de interesses que lista o interesse de ambos os lados, você pode encontrar interesses que não estão em conflito. Por exemplo, no capítulo 2, falamos sobre uma simples negociação de uma pizza *gourmet* de anchova. Cada um dos lados queria pizza. Essa era a sua posição. A pizza, literalmente, representava a mítica torta.

No entanto, quais eram os interesses de cada lado e, esses interesses estavam "diretamente em conflito"? Quando perguntaram por que cada um queria a pizza, descobrimos que a borda era o interesse de um dos lados, e resto da pizza, menos a borda, era o interesse do outro lado. Ao reconhecer que a suposição da torta fixa era um mito nessa negociação, ambos os lados conseguiram desenvolver uma solução que satisfizesse seus interesses.

Desvalorização reativa. Um desafio especial em superar o mítico pressuposto da torta fixa é algo que os pesquisadores chamam de "desvalorização reativa". Isto consiste em desvalorizar a proposta do outro lado, sem considerar as vantagens, quando o mesmo faz uma proposta, simplesmente porque ela parte do outro lado.

Em um estudo realizado por Stillinger e outros, pesquisadores apresentaram uma proposta de redução de armamento a um grupo de indivíduos nos Estados Unidos e disse a eles que a mesma tinha vinda do presidente Reagan. Noventa por cento pensou que a proposta era neutra ou favorecia os EUA. Quando os pesquisadores fizeram a mesma proposta para outro grupo, porém disse que ela veio do presidente russo Gorbachev, a percentagem total baixou para 44%. Para ver o resumo da pesquisa de desvalorização reativa, veja o link http://en.wikipedia.org/wiki/Reactive_devaluation, onde outros estudos também são citados.

Posso claramente observar a desvalorização reativa em meus cursos. Eu dou aos meus alunos um exercício que envolve um litígio entre um funcionário, uma empresa que vende um pacote de *software* e o licenciado (titular da licença). Quando o licenciado propõe uma solução razoável, a maioria dos estudantes rejeita a oferta, pois eles indicam que o licenciado tem um caso fraco. Ao se concentrar na origem da proposta, o licenciado, e não no mérito da oferta, eles perdem uma oportunidade de negociar um acordo que evitaria custos consideráveis de litígios.

2. Considere "definir um ponto de referência" ao desenvolver uma estratégia de primeira oferta

Como observado por Bazerman e Neale e outros pesquisadores, os seres humanos tendem a definir um valor inicial ao estimar o valor dos objetos incertos. Por exemplo, tente fazer essa experiência desenvolvida por Russo e Schoemaker. Adicione 400 aos três últimos dígitos do seu número de telefone e anote o total.

Agora, considere o seguinte: Átila, o Huno foi um dos conquistadores mais temidos na história mundial. Ele acabou sendo derrotado durante a Era Comum (isto é, depois de Cristo). Ele foi derrotado antes ou depois do número que você anotou? Depois de escrever "antes" ou "depois", anote o ano em que você acha que Átila, o Huno foi derrotado.

Quando eu faço essa experiência em sala de aula, os resultados muitas vezes são semelhantes aos seguintes:

Últimos 3 nº do celular + 400	**Data de derrota de Átila, o Huno**
400–599	580
600–799	670
800–999	920
1000–1199	1210
1200–1399	1340

Se você for um cientista e estiver olhando para estes resultados, o que você pode concluir? Provavelmente que os números selecionados na coluna "data de derrota" são influenciados pelos números à esquerda. Ou seja, à medida que o número da esquerda aumenta, o mesmo ocorre com o da direita.

Qual é a relação entre os números de telefone e Átila, o Huno? Não há nenhuma relação. Como os meus alunos não têm certeza sobre a data da derrota, eles pegam o único número disponível como referencia (os últimos três dígitos do seu número de seu celular + 400). A propósito, Átila, o Huno foi derrotado em 451 depois de Cristo.

Fixar uma referência tem um efeito poderoso, mesmo em especialistas em uma determinada área. Por exemplo, pesquisadores deram a um grupo de médicos um caso descrevendo um paciente que talvez pudesse ter uma doença pulmonar. Pediram para que os médicos estimassem se a probabilidade dessa pessoa ter uma doença era maior ou menor que 1%. Em seguida, perguntaram quais as chances desse paciente ter uma doença pulmonar.

Depois, os pesquisadores deram o mesmo caso a outro grupo de médicos e pediu para que eles estimassem se a probabilidade do paciente ter uma doença pulmonar era maior ou menor do que 90%. Em seguida, estes médicos estimaram as chances.

O primeiro grupo de médicos fixou sua referência na probabilidade baixa e aleatória que eles receberam (1%), enquanto o segundo grupo ficou sua referência em uma probabilidade alta e também aleatória (90%). Como resultado, quando eles estimaram as chances de o paciente ter uma doença pulmonar, a estimativa do segundo grupo foi, em média, 29% mais alta do que a do primeiro grupo. (Brewer, et al., *The Influence of Irrelevant Anchors on the Judgments and Choices of Doctors and Patients*).

Estratégia de primeira oferta. Como a fixação de referência afeta uma negociação? Uma questão importante que surge durante as negociações é: Quem deve fazer a primeira oferta? Eu já fiz essa pergunta a dezenas de executivos de negócios ao redor do mundo e o resultado geralmente é o mesmo: sempre deixe o outro lado fazer a primeira oferta.

Eles costumam apoiar a resposta com exemplos de experiência própria. Por exemplo, um executivo aposentado recentemente me contou sobre uma negociação de imóveis onde ele esperava pagar $300 mil em um terreno, mas pagou bem abaixo do valor, pois o outro lado começou a negociação em $35.000.

Por outro lado, quando a outra parte faz uma oferta inicial inesperadamente favorável, não aceite-a imediatamente, a menos que você queira fazer a outra parte se sentir mal. Um amigo contou a história de um executivo sênior em sua empresa que teve um conflito com o novo CEO. Este último queria se livrar dele e perguntou: "O que será necessário para você se aposentar?" Ele deu um número exageradamente alto, o qual o CEO aceitou imediatamente. Isso fez com que o executivo se arrependesse, pois o mesmo começou a se perguntar se o número que ele achava tão alto era de fato alto suficiente!

Como a sabedoria convencional (sempre deixar o outro lado fazer a primeira oferta) está relacionada com a teoria de fixação de referência? A teoria sugere que você deve propor a primeira oferta para que o outro lado fixe sua referência em tal número.

Quem está certo? Os executivos experientes que defendem a sabedoria convencional (deixar o outro lado fazer a oferta primeira) ou os defensores da teoria da fixação de referência? A resposta é complicada; além de ser difícil generalizar. Por exemplo, uma pesquisa feita pelo meu colega da Universidade de Michigan, Shirli Kopelman, e outros, indica que os negociadores que fazem a primeira oferta se saem melhor economicamente, porém, ficam menos satisfeitos com os resultados, pois se sentem mais ansiosos. ("Resolving the First-Offer Dilemma", *Negotiation*, julho de 2007).

Dada a complexidade da pergunta, recomendo usar uma regra básica. Siga a sabedoria convencional quando não se sabe ao certo o valor do produto vendido. Ao pedir para que o outro lado proponha o número primeiro, você consegue informações sobre o valor do item. (É claro que, ao fazer isso, evite cair na armadilha da referência de preço do outro lado.) Por outro lado, se você tiver certeza sobre o valor do item, você deve ignorar a sabedoria convencional e tentar fixar o seu número de referência para o outro lado.

E se você chegar a um impasse? E se após pedir para que o outro lado proponha o primeiro número, eles pedem o seu antes? Você pode tentar trocar algumas informações. Advogados usam essa abordagem nos acordos judiciais. Por exemplo, o cientista social, Herbert Kritzer, observou um padrão onde "a discussão sobre os danos não é uma série de ofertas e contraofertas, e sim um processo de troca de informações" (*Let's Make a Deal*).

3. Evite o excesso de confiança

Como observado por Bazerman e Moore, o excesso de confiança, como a fixação de uma referência, é o resultado do uso da heurística. Essencialmente, temos confiança demais de que nossas decisões estão certas. Realize o teste abaixo para determinar se você tem excesso de confiança. Para cada uma das frases, escreva uma faixa para que você esteja 90% confiante de que sua resposta esteja correta. Não olhe as respostas e não as procure online. Para ter sucesso, você deve responder a 9 das 10 perguntas corretamente. Por que não 100%? Isso seria fácil demais, pois você pode selecionar faixas amplas para cada item.

1. Ano em que Wolfgang Amadeus Mozart nasceu

   _____ _____

2. Comprimento do Rio Nilo

   _____ _____

3. Quantidade de vezes que um raio atinge a terra por minute

   _____ _____

4. O tempo que leva para a luz solar atingir a terra

   _____ _____

5. Diâmetro da lua

   _____ _____

6. Quantidade de facas, garfos e colheres na Casa Branca

   ______ ______

7. Quantidade de línguas ativamente faladas no mundo

   ______ ______

8. Período da gestação (em dias) de um elefante asiático

   ______ ______

9. Quantidade de gravidezes que ocorrem diariamente em todo o mundo

   ______ ______

10. Período de tempo (em dias) que um caracol consegue dormir se não for perturbado

    ______ ______

Aqui estão as respostas:

1. Mozart nasceu em 1756.
2. O rio Nilo tem 6852 km de comprimento.
3. Um raio atinge a Terra 6.000 vezes por minuto.
4. A luz solar leva 492 segundos para atingir a terra.
5. O diâmetro da Lua é 3476 km.
6. Existem 13.092 facas, garfos e colheres na Casa Branca.
7. Há uma estimativa de 6.000 línguas ativamente faladas no mundo.
8. O período de gestação de um elefante asiático é de 645 dias.

9. Há uma estimativa de 365.000 gravidezes por dia.

10. Um caracol pode dormir 1.095 dias se não for perturbado.

    (De Russo e Schoemaker, *Statistic Brain, and Odd Trivia Facts* (Rich Hancock)).

Você teve sucesso no desafio? Você respondeu 9 das 10 perguntas corretamente? Se você não teve sucesso, há uma notícia ruim e outra boa. A má notícia é que, como a maioria das pessoas, você estava confiante demais e estabeleceu faixas muito estreitas. A boa notícia é que, praticamente as únicas pessoas que não são excessivamente confiantes, regularmente, são depressivas clínicas! ("Saving Yourself from Yourself", *Business Week*, de 10 de outubro, 1999).

O excesso de confiança é uma armadilha que os professores das escolas de negócios adoram estudar. Por exemplo, professores de finanças concluíram que o excesso de confiança na tomada de decisões de investimentos pode levar a perdas. Professores de contabilidade observaram excesso de confiança quando gerentes previam ganhos de longo prazo.

Esse tipo de problema também pode afetar sua estratégia de negociação. Eu tenho notado que, ao se preparar para uma negociação, os alunos tendem a prever as ZOPAs (zonas de possível acordo) estreitas demais. Isso afeta a avaliação dos fatos e sua estratégia de negociação. Uma consequência é que isso pode levá-los a ser modestos demais ao quando estabelecendo objetivos idealistas.

Tomada de decisão x implementação. Ocasionalmente, executivos seniores me desafiam quando eu falo sobre excesso de confiança. Eles afirmam que o excesso de confiança é uma boa característica, pois permite que eles, como líderes empresariais, incentivem seus funcionários a fazer mais do que eles imaginavam ser possível.

O excesso de confiança também tem sido apontado como algo bom para os empresários, visto que "pode proporcionar a visão necessária para convencer potenciais contratados e investidores da oportunidade de entrar desde o início em uma empresa em crescimento. O otimismo também pode levar os fundadores a ver o melhor nas pessoas e, assim, contribuir para suas habilidades sociais". (Wasserman, *Cognitive Biases in Founder Decision Making*)

Até certo ponto, concordo com esta opinião. Quando você *implementa* as decisões, uma boa dose de otimismo é saudável. No entanto, ao tomar decisões, você deve ser *realista* e buscar evidências de desacordo para melhorar o seu processo de tomada de decisão.

Usar evidências de desacordo pode ser um desafio. Eu dou aos meus alunos uma sequência de números, 2-4-6, e peço para que eles adivinhem a regra que eu usei para desenvolver esta sequência. (A regra é que os números aumentem de valor). Antes de me darem suas respostas, eu dou a eles a oportunidade de testar suas respostas ao me dar mais três números. Invariavelmente, eles me dão números que correspondam às suas respostas em vez de fornecer evidências de desacordo.

Por exemplo, suponha que um aluno pense que a minha regra é "adicionar 2 ao número anterior". Como teste, o aluno me daria provas para confirmar sua resposta, 8-10-12. Se o aluno tivesse usado evidências de desacordo, digamos, 8-9-10, eu diria que sua resposta coincidia com a minha regra (aumentar o número) e ele imediatamente perceberia que sua resposta (adicionar 2 ao úmero anterior) estava incorreta.

A lição principal é tentar evitar a "armadilha de confirmação de evidência" ao buscar evidências de desacordo. (Este experimento está descrito na obra de Bazerman e Chugh, "Decisions Without Blinders", *Harvard Business Review*. Veja também a obra de

Hammond et al., "The Hidden Traps in Decision Making", *Harvard Business Review*.)

Uma forma de evitar esta armadilha é incentivar o conflito construtivo na hora de tomar decisões. Por exemplo, um proeminente juiz de Delaware recomendou que os conselhos de administração deveriam apontar um "advogado do diabo" para garantir que o conselho não se tornasse condescendente demais ao considerar as propostas de um CEO. ("Cognitive Bias in Director Decision-Making", *Corporate Governance Advisor*, novembro/dezembro 2012)

4. Enquadrar as opções para o seu benefício

A maneira como nós formulamos perguntas pode ter um enorme impacto nas decisões. Por exemplo, suponha que você seja o Diretor de Saúde Pública em uma cidade que está se preparando para uma onda anormal de gripe que estima matar 600 idosos. Suas duas melhores assistentes, Thelma e Louise, desenvolveram planos para combater a doença. Com o plano de Thelma, 200 dos 600 idosos serão salvos. Com o plano de Louise, há 1/3 de chance de que todos os 600 idosos sobrevivam, porém, 2/3 de chance de que nenhum deles sobreviva. Thelma e Louise negociam sem sucesso para saber qual plano devem implementar e agora elas querem que você decida. Qual plano você escolheria?

Agora, vamos supor que você peça para que Thelma e Louise voltem a fase de planejamento e desenvolvam planos alternativos. Thelma cria um plano onde 400 dos idosos vão morrer. Segundo o plano de Louise, há 1/3 de probabilidade de que ninguém morra e 2/3 de que os 600 idosos morram. Aqui, novamente, elas não têm sucesso com a negociação sobre qual plano adotar e pedem para você decidir. Qual plano você escolheria?

Esta situação hipotética está baseada na pesquisa realizada por Amos Tversky e Daniel Kahneman ("The Framing of Decisions and the Psychology of Choice", *Science*) e também é abordada por Bazerman e Neale. Tversky e Kahneman descobriram que na primeira situação, quase três quartos dos participantes em seu estudo selecionou o plano de Thelma, enquanto que na segunda situação, quase 80% dos participantes selecionou o plano de Louise. Estes resultados são surpreendentes porque os planos nas duas situações são idênticos. Por exemplo, em ambos os planos de Thelma, 400 idosos iriam morrer.

O que causou a diferença nos resultados? Na primeira situação, a escolha foi enquadrada em salvar as pessoas, o que é um ganho, uma escolha positiva. Na segunda situação, a escolha foi enquadrada na morte dos idosos, o que é uma perda, uma escolha negativa. Quando confrontados com ganhos. As pessoas se tornam avessos ao risco e selecionam o mais seguro (o plano de Thelma salva 200 idosos). Quando confrontados com perdas, as pessoas estão mais dispostas a arriscar (o plano de Louise, onde há 1/3 de probabilidade de nenhuma morte e 2/3 que morte total).

Esta é uma ferramenta poderosa nas negociações com o seu chefe, membros de sua equipe, clientes ou negociadores de outras empresas. Enquadrar as escolhas como ganhos ou perdas tem um impacto significativo sobre suas decisões.

5. Olhe além da informação facilmente disponível

Anualmente, o que causa mais mortes nos Estados Unidos? Acidentes de transito ou câncer de pulmão? Quando faço esta pergunta em sala de aula, uma grande porcentagem dos alunos responde acidentes de carro. Mesmo quando faço esta pergunta em seminários de negociação em um grande centro médico, uma porcentagem alta dos médicos responde a mesma coisa.

Estes resultados são surpreendentes, pois em um ano típico, quatro vezes mais americanos morrem de câncer de pulmão do que em acidentes de transito. Então, ao que se devem essas conclusões erradas? Nossas decisões são excessivamente influenciadas por informação facilmente disponíveis. Como observado por

Russo e Schoemaker ao se tratar do exemplo de câncer de pulmão, "as pessoas acham que a informação mais facilmente disponível é a mais relevante". As informações sobre os acidentes de carro estão facilmente disponíveis através de reportagens que, por vezes, são acompanhadas por imagens horríveis. A morte por câncer de pulmão não é o tipo de notícia que chega a primeira página de um jornal e muitas vezes nem sequer é mencionada em um obituário.

Compreender a armadilha da disponibilidade pode ser útil durante as negociações. Por exemplo, certa vez eu trabalhei com um executivo de um fabricante de aeronaves. Centenas de milhões de dólares estavam em jogo quando a empresa estava negociando um contrato com o governo, e os funcionários do governo muitas vezes adiavam suas decisões por meses. O executivo me contou que o fabricante produziu vídeos de seus aviões de combate em ação durante as operações de bombardeio, para usá-los durante as negociações. A empresa espera que esses vídeos, como fotos de acidentes de carro, viessem facilmente à mente quando o governo elegesse o ganhador da licitação.

6. Cuidado com as armadilhas de "leilão de dólar"

No meu curso, ocasionalmente eu leiloo uma nota de $20. As regras do leilão são simples. As propostas são feitas em incrementos de $1. O lance mais alto fica com os $20, mas o segundo maior lance também me paga, porém, não recebe nada. Portanto, se Sara der o maior lance, um lance de $14, ela ganha $20, e, se Pete der o segundo maior lance, de $12, ele me paga esse valor e não recebe nada em troca. Normalmente, vários alunos começam a dar lances no início, mas ao se aproximar dos $20, todos, exceto dois alunos, abandonam o leilão. Estes dois, muitas vezes, continuam oferecendo bem além dos $20.

Acadêmicos têm aprendido uma série de lições deste jogo cruel inventado pelo professor Shubik de Yale. Três dessas lições são especialmente importantes na negociação e resolução de conflitos.

Escalada de sacrifícios. Primeiro, é fácil cair em uma armadilha onde as partes irracionalmente aumentam seus sacrifícios, como no leilão de dólar. Temos um exemplo com o litígio. Não é raro ouvir falar de situações onde uma ou ambas as partes em um litígio gastam mais do que o montante em disputa. Assim como os dois últimos concorrentes em um leilão de dólar, uma vez em litígio, seus custos aumentam além da racionalidade. O livro de Bazerman e Moore inclui um excelente capítulo sobre esse tema, conhecido em inglês como "escalation of commitment".

Agitação competitiva. A segunda lição é que um leilão de dólar pode desencadear o que os pesquisadores chamam de agitação competitiva. De acordo com um artigo da *Harvard Business Review* (Malhotra, et al., "When Winning is Everything"), isso pode surgir quando há uma intensa rivalidade entre dois indivíduos que estão no centro das atenções (por exemplo, em uma negociação).

O leilão de dólar oferece um cenário perfeito para a agitação competitiva. Em um leilão de $20 realizado em uma classe de MBA pelo professor de negociação, Keith Murnighan, o lance vencedor foi de $15.000 e o perdedor de $14.500. E as regras exigiam que as partes pagassem! A vencedora percebeu que os valores pagos eram para ajudar uma instituição de caridade, e esta foi sua maneira de fazer uma contribuição. O perdedor, aparentemente ficou preso em toda a agitação competitiva. Ele simplesmente queria ganhar.

Como observado no artigo de Malhotra, você deve tentar minimizar a agitação competitiva ao reduzir a intensidade da rivalidade. Por exemplo, em uma negociação, você pode negociar através de um agente ou usar uma equipe para lidar com as negociações de modo que uma pessoa não esteja no centro das atenções.

A perspectiva da outra parte. A terceira lição que aprendemos do leilão de dólar é a importância de olhar para uma negociação a partir da perspectiva do outro lado. No início, o leilão de dólar parece ótimo pelo seu ponto de vista, pois você tem a chance de ganhar $20 fazendo um lance de, digamos, $14. Mas ao considerar o fato de que há aproximadamente mais quarenta outras pessoas na sala com o mesmo pensamento, o leilão perde sua atratividade. Esta é uma lição muito importante para todas as negociações. De acordo com Bazerman e Neale: "Descobrimos que os gerentes que levam em conta a perspectiva do outro lado têm mais sucesso em simulações de negociação. Este foco lhes permite prever o comportamento do outro lado".

Certa vez eu jantei com um alto executivo que havia feito negociações financeiras com os principais negociadores de todo o mundo. Quando perguntei o que distingue um bom negociador de um ótimo negociador, ele não hesitou um segundo em me responder: "A capacidade de ver as finanças através do ponto de visto do outro lado".

Os seguintes são desafios para testar a sua capacidade de olhar para as negociações a partir dos olhos do outro lado. O primeiro desafio é baseado em uma história de um grande livro chamado *The Manager as Negotiator* por Lax and Sebenius. Perto do fim de sua campanha para a presidência, Teddy Roosevelt planejava usar panfletos com uma foto dele, onde ele parecia muito presidencial. Pouco antes de sua equipe de campanha começar a distribuir os panfletos, descobriram que um fotógrafo tinha os direitos autorais da foto.

A campanha de Roosevelt não tinha dinheiro suficiente para pagar os direitos autorias e não iria utilizar a foto de forma ilegal. No entanto, todos sentiam que precisavam dos panfletos para ganhar a eleição. Sem saber o que fazer, eles pediram um conselho a um negociador de sucesso e simpatizante de Roosevelt. O que você faria se eles tivessem pedido o seu conselho?

Isto foi o que o negociador fez. Ao conseguir olhar para a negociação a partir do ponto de vista do outro lado, ele enviou um telegrama ao fotógrafo que dizia (como citado no livro *The Manager as Negotiator*): "Estamos planejando distribuir muitos panfletos com a foto de Roosevelt na capa. O estúdio, cuja fotografia escolhermos, terá uma grande publicidade. Quanto você vai nos pagar para usar a sua foto? Responda imediatamente".

A resposta? O fotógrafo ofereceu pagar $250 para eles usarem a sua fotografia. Este grande negociador havia virado o jogo!

Aqui temos outro exemplo mais sofisticado (e surpreendente) do livro de Bazerman e Neale. Você trabalha para uma empresa que está considerando fazer uma oferta para comprar outra empresa ("Alvo"). O valor de Alvo, sob a gestão atual, é algo entre $0 e $100 milhões, dependendo do sucesso de suas operações de perfuração de petróleo. Cada valor entre $0 e $100 milhões é igualmente provável.

Os proprietários de Alvo sabem o valor exato da empresa, pois eles receberam relatórios sobre o sucesso das operações de perfuração de petróleo. Sob a sua gestão, o valor de Alvo será 50% maior do que o valor atual, seja esse qual for. Quanto você ofereceria pelo Alvo, se só pudesse fazer uma única oferta, estilo "pegar ou largar"?

Quando eu uso este exemplo em seminários executivos, mesmo especialistas financeiros não conseguem responder à pergunta corretamente. Por quê? Eles não olham para este negócio a partir do ponto de vista do Alvo. Vamos escolher uma oferta aleatória, digamos, $60 milhões. Se o verdadeiro valor da empresa for superior a $60 milhões, Alvo (que conhece o verdadeiro valor da empresa) não irá aceitar a oferta.

Dito de outra forma, Alvo só aceitará ofertas na faixa de $0-$60 milhões, a qual tem um valor médio de $30 milhões. Mesmo após o aumento de 50% após a sua aquisição, o valor passará a ser apenas $45 milhões, o que ainda é menor do que a sua oferta de $60 milhões. Como o valor será sempre menor do que qualquer número que você oferecer, a resposta correta é que você deve oferecer $0.

É claro que, a importância de olhar para as negociações a partir da perspectiva do outro lado não se limita apenas nos negócios. Um amigo meu era conselheiro sênior de um presidente dos Estados Unidos. Ao informar o Presidente sobre, por exemplo, uma próxima reunião com um líder de outro país, meu amigo explicava os principais problemas que afetavam a relação entre os dois países. Em seguida, ele observava a incrível habilidade que o presidente tinha de discutir as questões a partir do ponto de vista do outro lado e reformular as questões para responder às suas preocupações.

7. Estimular a retribuição

Em seu livro *Influence*, Robert Cialdini dedica um capítulo inteiro à "retribuição", a necessidade fundamental que nós, como seres humanos, sentimos de pagar alguém que fez algo por nós. Ele cita o antropólogo Richard Leakey, que observa que a reciprocidade nos torna humanos: "Nós somos humanos porque os nossos antepassados aprenderam a dividir a sua comida e suas habilidades em uma rede de obrigação".

Todos nós podemos pensar em exemplos de retribuição. Permita-me compartilhar um exemplo que envolveu a minha negociação com uma jovem. Um dos meus alunos me convidou para participar de seu casamento em Mumbai, na Índia. Uma tarde, eu tive um tempo livre e decidi dar um passeio ao redor dos belos jardins conhecidos como os Jardins Suspensos na parte superior do Malabar Hill.

Ao me aproximar dos jardins, uma jovem menina de rua, provavelmente, onze ou doze anos, se aproximou de mim para vender um abanador feito de penas de pavão. Depois que eu disse a ela que eu não estava interessado, ela me seguiu até os jardins e me explicou sobre as topiarias, a vegetação e as estruturas dos jardins. O que eu acabei comprando no final do passeio? Um abanador de pena de pavão. A menina era nova, mas tinha uma compreensão intuitiva do poder da retribuição.

Muitas vezes esquecido nas discussões sobre retribuição é o que tem sido chamado de "efeito Ben Franklin", ou o que eu chamo de retribuição inversa. Em vez de fazer alguma coisa por alguém na esperança de que você seja retribuído, peça para que a pessoa faça algo por você.

Como disse Franklin, "Aquele que uma vez te fez uma gentileza, estará sempre mais preparado para te fazer outra, do que aquele que tu forçaste a fazê-lo". Por exemplo, na tentativa de obter a amizade de um rival, Franklin pediu emprestado um de seus raros livros. O rival emprestou o livro e ao devolver o mesmo, Franklin agradeceu profusamente. Eles se tornaram bons amigos depois disso.

8. Use o princípio do contraste

Quando eu comprei minha primeira casa, um corretor de imóvel me mostrou a casa mais feia que eu já tinha visto. Ela precisava de muita reforma e estava muito cara. Eu disse ao corretor que não estava interessado. Ele então me levou até uma casa bonita, mas que também precisava de muita reforma, além de também ser muito cara. Mais uma vez, eu disse a ele que não estava interessado. Então ele me levou até uma casa bonita, bem cuidada e cara. Eu imediatamente disse: "Vou ficar com ela".

O que ele havia feito psicologicamente comigo? Na linguagem do mundo imobiliário, ele havia me levado para "imóveis armadilhas". Na linguagem da psicologia, ele havia me encurralado usando o princípio do contraste. Ele percebeu que a terceira casa pareceria bem diferente quando mostrada em contraste com as duas primeiras, em vez de me mostrar de forma separada. Se ele tivesse me levado apenas para a terceira casa, eu não teria me interessado por ela por conta de seu elevado preço.

O princípio de contraste é algo bem conhecido no mundo dos vendedores. Por exemplo, uma executiva em meu seminário de negociação tinha uma loja de artigos de luxo em Cingapura, a qual vendia bolsas e carteiras por mais de mil dólares. Ela pediu para que seus funcionários colocassem gravatas masculinas ao lado das carteiras. As vendas das gravatas eram boas, porém, apesar de caras, elas pareciam baratas em comparação com os preços da carteira.

Eu já caí em uma armadilha parecida. Ao comprar um terno, eu normalmente acabo comprando uma gravata que custa mais do que eu pagaria se a comprasse como um item separado. Em contraste com o preço do terno, a gravata parece ter um preço razoável.

O princípio de contraste é vividamente ilustrado pela seguinte carta enviada por uma estudante universitária envaida aos seus pais. Existem muitas versões desta carta. Uma versão é citada no livro de Cialdini; esta versão foi extraída do site: http://www.netjeff.com/humor/item.cgi?file=DearMomAndDad.

> Queridos mãe e pai,
>
> Já faz três meses desde que saí para a faculdade. Sinto muito pela minha negligência em não ter escrito antes. Vou atualizar vocês, mas antes de ler a carta, é melhor você se sentarem, ok?
>
> Agora eu estou muito bem. A fratura craniana e concussão cerebral que sofri após pular da janela do meu apartamento quando ele pegou fogo após a minha chegada já estão curadas. Eu só passei duas semanas no hospital e já quase enxergo normalmente e só tenho dores de cabeça absurdas uma vez por dia. Felizmente, o fogo e meu pulo foram testemunhados por Roger, um atendente

do posto de gasolina; foi ele quem ligou para os bombeiros. Ele também me visitou no hospital, e como eu não tinha nenhum lugar para morar, ele foi gentil o suficiente para me convidar a dividir seu apartamento com ele. Ele é um homem muito bom, e estamos planejando nos casar. Nós ainda não definimos uma data, mas será antes da minha gravidez começa a mostrar. O processo do divórcio acabou, e ele divide a guarda de seus 3 filhos.

A razão pelo atraso do nosso casamento é que Roger tem uma pequena infecção que nos impede de passar nossos exames de sangue antes do casamento, e eu descuidadamente contraí dele. Isso será solucionado em breve com as injeções de penicilina que estou tomando diariamente.

Agora que eu atualizei vocês com todos os dados, queria dizer que não houve fogo, eu não tive uma concussão ou fratura craniana, eu não estava no hospital, eu não estou grávida, eu não estou envolvida com ninguém, eu não tenho sífilis, e não há nenhum homem divorciado em minha vida. No entanto, eu tirei um "D" em arte e um "F" em biologia e eu queria que vocês vissem essas notas através da perspectiva correta.

Sua querida filha,

Jane

Embora Jane tenha dificuldades com arte e biologia, ela deve se dar muito bem em futuras negociações, pois ela claramente entende o princípio de contraste!

9. Perspectiva panorâmica

Esta última ferramenta (ou armadilha), às vezes é negligenciada em livros de negociação: em uma negociação, é importante ter uma perspectiva panorâmica em mente, mesmo quando você está imerso nos detalhes. Isso é mais difícil do que parece por causa do que Bazerman e Chugh chamam de "consciência limitada". ("Decisions Without Blinders", *Harvard Business Review*). Um aspecto importante da consciência limitada é que nosso foco em um aspecto da negociação (por exemplo, o preço), pode limitar a consciência das preocupações mais importantes.

Um exemplo de consciência limitada está ilustrado neste vídeo: http://www.youtube.com/watch?v=IGQmdoK_ZfY. Neste vídeo, os membros das duas equipes de basquete, uma equipe de camisa branca e outra de camisa preta, passam uma bola de basquete para os colegas de equipe. Será pedido para que você conte quantos passes são feitos pela equipe vestindo camisa branca. Enquanto você está focado nesta tarefa, alguém vestido uma fantasia de gorila caminha até o meio das duas equipes, bate no peito e vai embora. Grande parte das pessoas não vê o gorila, pois elas estão são focadas em contar os passes.

O Grande Bazar de Istambul é considerado por muitos como o paraíso das compras. Com milhares de lojas ao redor de mais de sessenta ruas cobertas, o Grande Bazar oferece uma oportunidade para testar a sua capacidade de negociar ao pechinchar nas compras de joias, móveis, tapetes, roupas, artigos de couro e muitos *souvenirs*. Quando visitei o bazar, me disseram que muitos compradores acabam parecendo tão cativados por suas negociações, que eles ignoram a perspectiva panorâmica (ou gorila): os objetos estão mais baratos fora do Grande Bazar, onde o cidadão local faz compras.

Podemos notar uma sabedoria considerável nas observações do negociador veterano Maggy Baccinelli da Associação Internacional de Transporte Aéreo: "Ao negociar, você precisa sempre ter em mente a perspectiva panorâmica . . . e sempre voltar a ela para evitar a armadilha de se perder nos detalhes". ("A Canadian Perspective on Contract Negotiation", *ACC Docket*, outubro de 2012).

Ponto essencial. Este capítulo forneceu uma lista de nove ferramentas que você pode usar (ou armadilhas que você deve evitar) em futuras negociações. Mantenha esta lista em local acessível para usar ao tomar uma decisão durante as negociações e ao tomar outras decisões de liderança ou financeira.

III FECHE A NEGOCIAÇÃO COM UM CONTRATO OBRIGATÓRIO

8. Recorra ao direito contratual para concluir sua negociação

9. Vá além das formalidades legais para criar valor

8 Recorra ao direito contratual para concluir sua negociação

Frequentemente é dito que a negociação é feita na sombra da lei. A lei, na verdade, projeta duas sombras nas negociações. Primeiro, em uma negociação para resolver uma disputa, a sombra é o litígio, última BATNA neste tipo de negociação. No capítulo 3, exploramos como o litígio da BATNA nos EUA se difere de outros países. O capítulo também explicou como calcular o valor de sua BATNA em um litígio usando a análise de árvore de decisão.

A segunda sombra, que surge nas negociações de tomada de negócio, é o quadro jurídico para a negociação de contratos e os elementos necessários para converter o seu contrato em um contrato obrigatório. Embora o foco deste capítulo seja nesses elementos, primeiro vamos voltar um pouco e falar sobre as três grandes perspectivas sobre o direito contratual e as duas principais variáveis que determinam a lei que será aplicada ao seu contrato.

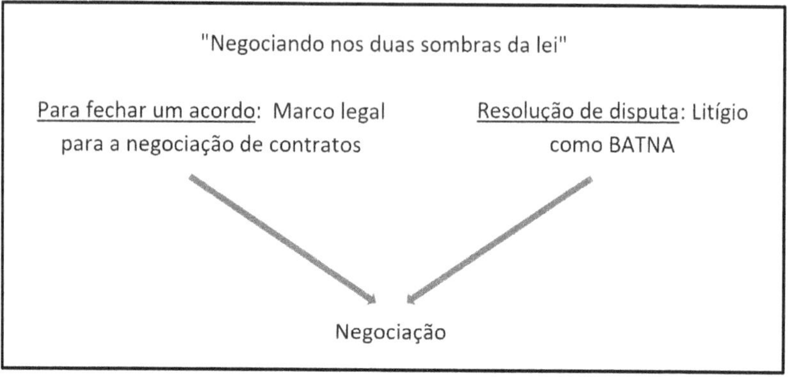

PERSPECTIVAS SOBRE O DIREITO CONTRATUAL

Em essência, um contrato é um acordo obrigatório por lei. Todos nós celebramos muitos acordos que não são juridicamente vinculativos. Por exemplo, você e eu podemos concordar de maneira categórica que determinado filme é o pior filme que já vimos em nossa vida, mas o nosso acordo não é exequível no tribunal. O direito contratual proporciona um marco para que possamos determinar qual dos nossos acordos são exequíveis.

Três perspectivas são úteis quando pensamos em direito contratual. Em primeiro lugar, há uma perspectiva global. No mundo global dos negócios, a norma jurídica é extremamente importante no momento de adotar decisões de negócios. Não há regras legais mais importantes do que as emendas do direito contratual, visto que, os contratos estabelecem os direitos e deveres de cada parte. A primeira pergunta que você deve fazer a si mesmo ao investir em outro país deve ser: Será que os meus direitos contratuais serão respeitados e aplicados neste país?

Em segundo lugar, a partir da perspectiva de uma empresa, os contratos são a chave para o sucesso do negócio. Todas as outras atividades da empresa, tais como contabilidade, *marketing*, finanças, estratégia, etc., não servem para nada se os seus contratos não forem rentáveis. Dentro das empresas, o valor é criado durante as negociações do contrato e as empresas falham quando estas negociações não produzem resultados bem sucedidos.

Finalmente, a partir de uma perspectiva pessoal, os contratos (escritos e não escritos) permeiam nossas vidas diárias. Seja a simples compra de uma refeição ou transações mais complexas, tal como comprar uma casa, os contratos representam um aspecto importante das nossas interações com outros seres humanos.

Como os contratos são tão comuns em nossas vidas profissionais e pessoais, na maioria dos casos, devemos agir como nossos próprios advogados ao negociá-los. Em outras palavras, não podemos ter um advogado ao nosso lado o tempo todo para nos aconselhar sempre que entramos em um contrato pessoal ou de negócio. Como resultado, precisamos ter uma compreensão fundamental das fontes do direito contratual e os quatro elementos fundamentais que determinam se um contrato foi celebrado. Veremos agora estes temas.

COMPREENDA AS FONTES DO DIREITO CONTRATUAL

Quando você está envolvido em uma negociação e surge uma pergunta de direito contratual, onde você (ou um advogado) pode encontrar a resposta? Duas perguntas fundamentais determinam a origem do direito contratual. Primeiro, estamos em um país baseado no sistema de "*Commom Law*" ou Direito Civil? Segundo, qual tipo de contrato estamos negociando?

Tipos de sistemas legais

Embora o direito dos contratos em uma economia globalizada venha se tornando cada vez mais semelhante, ainda existem diferenças. O mundo industrializado está dividido entre países com um sistema de Direito Civil e aqueles com um sistema de

Commom Law. No início de qualquer negociação, você deve determinar qual sistema rege o contrato.

De um modo geral, os países de Direito Civil incluem países da Europa continental e as ex-colônias desses países. Nos países de Direito Civil, os princípios do direito são encontrados principalmente em um "código" (enciclopédia do Direito). Em contraste, os países da *Common Law* (geralmente Inglaterra e suas ex-colônias) se baseiam mais fortemente em "precedentes", isso é, nas decisões prévias, como uma fonte de direito.

A distinção entre os países do Direito Civil e *Common Law* é especialmente importante porque os requisitos legais para um contrato válido diferem em ambos os sistemas. Por exemplo, o Direito Civil não inclui em absoluto o requisito que discutiremos abaixo.

Além das diferenças nos requisitos legais, alguns profissionais têm observado que os contratos de *Commom Law* são mais extensos, visto que os advogados tentam antecipar todos os cenários possíveis que possam surgir quando um contrato é celebrado. Embora seja difícil generalizar, alguns doutores pensam que os contratos de Direito Civil geralmente são mais curtos, visto que o contrato pode simplesmente referir-se às disposições do código. No entanto, mesmo em países de Direito Civil, há uma tendência para contratos mais longos, porque os dois sistemas, muitas vezes se misturam quando as negociações atravessam fronteiras.

Ponto essencial. No início de qualquer negociação, você deve determinar se o contrato é regido por um sistema de lei diferente daquele com o qual você está familiarizado.

Tipos de contrato

A segunda variável relacionada à origem do direito contratual requer uma compreensão do tipo de contrato que você está negociando. Por exemplo, vamos supor que você fabrique equipamentos de golfe. Estou negociando a compra de 100 tacos de golfe para vender em minha loja. Nós chegamos a um acordo em todos os detalhes, exceto o preço. Será que temos um contrato?

Sob o regime da *Commom Law*, que rege a venda de imóveis e serviços, o preço seria considerado um elemento essencial na formação de um contrato. No entanto, o nosso contrato envolve o que os advogados chamam de venda de "bens". Nos EUA, a venda de bens é regida pelo Código Comercial Uniforme ou UCC (sigla em inglês) como é comumente chamado em negociações comerciais. O UCC tem modernizado o direito contratual. Por exemplo, mesmo que o preço não tenha sido resolvido, se você tiver a intenção de celebrar um contrato, mas não fala nada sobre o preço, o UCC dispõe que "o preço será um preço razoável no momento da entrega" dos tacos de golfe, nesse caso.

A situação torna-se um pouco mais complicada se você estiver negociando um contrato internacional. A boa notícia é que 81 países, incluindo os EUA, ratificaram um tratado chamado Convenção das Nações Unidas sobre Contratos de Compra e Venda Internacional de Mercadorias (conhecido nos círculos de negócios como a CISG). Ter uma lei uniforme de vendas internacionais é uma grande conquista que facilita o comércio internacional.

A má notícia é que algumas das regras do CISG são diferentes do UCC. Por exemplo, alguns especialistas concluíram que, sob o CISG o preço deve estar indicado ou o contrato deve incluir uma disposição para a determinação do preço. (Miller, *Fundamentals of Business Law*).

Ponto essencial. No início de qualquer negociação, determine se o contrato prevê a venda de bens, onde o UCC será aplicado nos EUA e o CISG nos contratos onde estão envolvidas empresas de dois países que adotaram este tratado (a menos que as partes concordem de outra forma).

USE UMA LISTA DE VERIFICAÇÃO DE QUATRO PARTES

Agora vamos falar sobre os quatro elementos principais para criar um contrato. Estes elementos vigentes representam uma lista de verificação que será útil em suas futuras negociações.

1. Chegue a um acordo

A exigência de que as partes cheguem a um acordo é bastante simples. Uma parte faz uma oferta; a outra parte aceita a oferta.

Em muitos casos, o senso comum dita se um contrato foi celebrado, como ilustrado por fatos adaptados de um caso na China. Vamos supor que na segunda-feira, uma loja enviou uma oferta a um fabricante para comprar televisões, onde a entrega deverá ser feita na loja. Na quarta-feira, o fabricante enviou uma resposta aceitando a oferta, mas acrescentou que a loja deve pegar os aparelhos na fábrica. Na sexta-feira, a loja concordou com essa mudança. Logo, os preços da televisão baixaram; a loja alegou que não havia nenhum contrato. Existe um contrato?

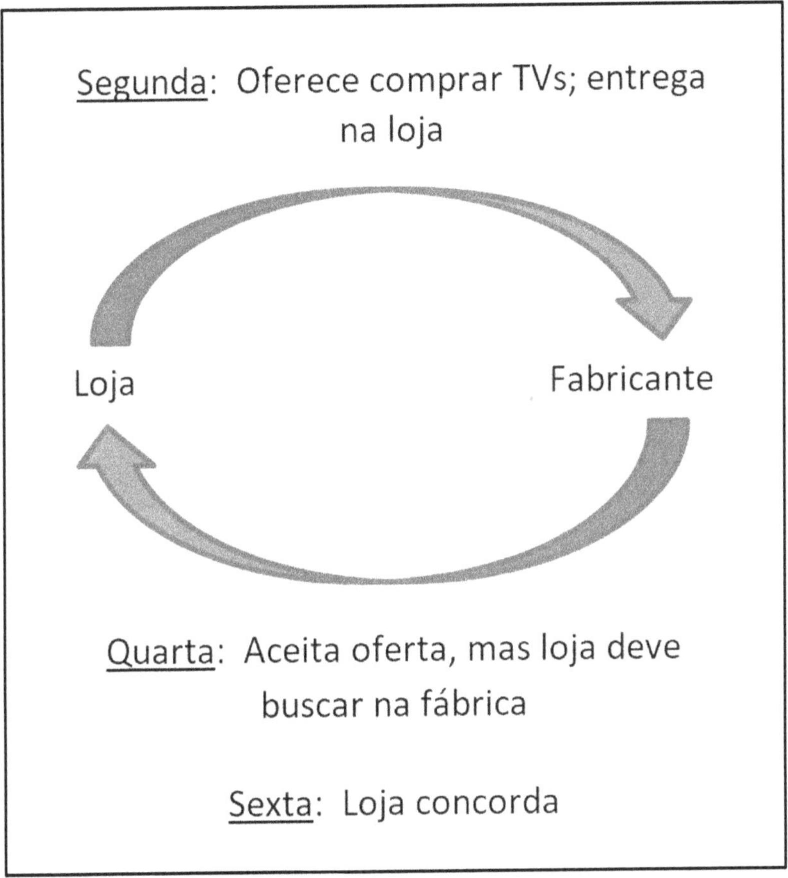

Uma análise do senso comum é que a loja fez uma oferta na segunda-feira, mas a "aceitação" do fabricante não foi uma aceitação válida, visto que os termos da oferta foram revisados, alterando o local de entrega. Isso converteu a comunicação do fabricante em uma contraproposta, a qual, legalmente é uma rejeição da oferta. A contraproposta foi aceita pela loja na sexta-feira, o que criou um contrato. (Por razões complicadas demais para explicar aqui, sob o regime UCC, a aceitação possivelmente ocorreu na quarta-feira, mas em qualquer caso, existe um contrato).

Documentos preliminares. Uma situação de risco pode surgir quando as partes usam um documento preliminar durante as negociações contratuais. Este tipo de documento (muitas vezes chamado de "memorando" ou "carta de intenção" ou "acordo") é uma ferramenta de negociação útil em negociações complexas quando os dois lados têm dificuldade em colocar no papel o seu acordo negociado. Mesmo em uma simples negociação, como o aluguel de um apartamento, um contrato de aluguel é uma ferramenta útil para converter uma negociação em um acordo válido.

Usar documentos preliminares carrega um grande risco. Se as partes não deixarem claro que elas não são legalmente obrigadas até que um contrato final seja assinado, um tribunal pode concluir que ele se tornou um contrato obrigatório.

Esse risco também pode gerar consequências a terceiros. Por exemplo, há vários anos, a empresa Pennzoil negociou um "memorando" de acordo para adquirir Getty Oil. Mais tarde, quando a Texaco celebrou um contrato separado para comprar Getty Oil, Pennzoil afirmou que seu memorando de acordo era, de fato, um contrato obrigatório, e que as ações da Texaco estavam interferindo com os direitos de contrato da Pennzoil. Em um estudo posterior, o júri concordou com Pennzoil e decidiu que a Texaco deveria pagar $10.5 bilhões em danos.

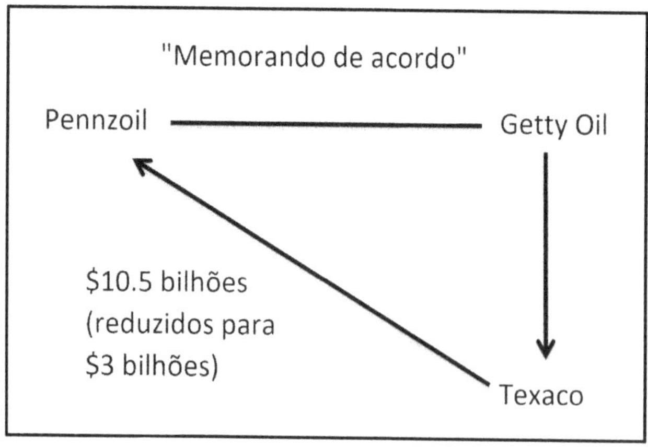

Este foi o maior veredito da história confirmado em recurso. Quando este julgamento levou a Texaco à falência, as duas empresas chegaram a um acordo onde a Texaco pagou "apenas" $3 bilhões a Pennzoil. O advogado da empresa Pennzoil relatou mais tarde que: "Aquela noite [após ganhar o caso], nós comemoramos na minha casa comendo hambúrgueres e bebendo cerveja. Eu ainda tenho o comprovante de depósito de $3 bilhões na minha parede". (*ABA Journal*, de 02 de março de 2009).

Ponto essencial. Embora os acordos preliminares sejam ferramentas úteis de negociação, eles também apresentam riscos significativos. Para minimizar estes riscos, você deve cuidadosamente indicar no documento que o mesmo é apenas para fins de negociação e não é um contrato definitivo até que as partes assinem o contrato definitivo.

2. Desista de algo como consideração

A consideração é uma exigência da *Commom Law*. Embora tenha uma definição técnica-jurídica, na linguagem corrente significa que para um negócio ser juridicamente vinculativo, ambos os lados devem abrir mão de algo. Por exemplo, se um graduado promete doar $20 milhões para sua universidade em um acordo assinado por escrito, o acordo geralmente não é vinculativo, a menos que a universidade prometa dar algo em troca.

Na maioria das transações comerciais, a consideração não é uma preocupação, pois ambos os lados prometem abrir mão de algo. Um lado promete fornecer um serviço ou um produto, e o outro lado promete fazer o pagamento.

No entanto, o risco de não cumprir a exigência aumenta quando um contrato é modificado. Vamos supor que você, como empreiteiro, prometa reformar um prédio para um cliente até determinada data e o cliente se compromete em lhe pagar $30.000. As duas promessas representam a consideração mútua.

A seu pedido, o cliente promete, por escrito, lhe dar mais um mês de prazo, mas você não da nada em troca ao cliente. Tecnicamente, o acordo do cliente não é vinculativo, a menos que você ofereça uma consideração adicional pelo tempo extra.

Ponto essencial. Para criar um contrato obrigatório ou quando você negociar uma emenda ao contrato, certifique-se de que ambos os lados desistam de algo para satisfazer a o requisito da consideração.

3. Mantenha-se dentro da lei

Um contrato que prevê a violação de uma lei não é aplicável. Em muitos casos, por exemplo, como em um contrato para vender drogas ilegais, este elemento é simples e fácil de entender. Em outras situações, onde pode haver uma violação da ordem pública, a lei é mais complexa.

Por exemplo, sua empresa pode optar por proteger informações confidenciais ao adotar uma política que exige que os funcionários atuais assinem um acordo de "não concorrência". Esse acordo estabelece que os funcionários não podem trabalhar para um concorrente dentro de três anos após deixar a sua empresa.

Os distintos estados diferem quanto à legalidade e, portanto, a aplicabilidade destes acordos de não concorrência. Em alguns estados, esses acordos podem ser ilegais, pois restringem a capacidade dos seus funcionários obterem empregos. Mesmo quando o acordo é legal, em países de *Commom Law*, o elemento consideração exigiria que sua empresa fornecesse algo em troca aos seus funcionários por assinar o acordo de não concorrência.

Ponto essencial. Contratos ilegais não são aplicáveis, incluindo os contratos que violam a política pública.

4. Coloque o seu contrato no papel

Este requisito levanta preocupações importantes e complexas durante as negociações. Ambos os sistemas jurídicos, Direito Civil e *Common Law*, têm regras que preveem que determinados contratos devem ser celebrados por escrito. Aqui estão alguns exemplos típicos de acordo com a legislação dos EUA:

- Contratos de compra e venda de imóveis
- Garantia de dívida de terceiros
- Acordos feitos pelo executor ou administrador de uma sucessão
- Promessas feitas em troca de uma promessa de casamento
- Acordos que não podem ser executadas dentro de um ano
- Venda de bens de $500 ou superior

Estas regras carregam um risco financeiro enorme quando você faz uma suposição errada sobre se o contrato deve ser por escrito. Por exemplo, você pode perder uma oportunidade de negócio porque pensou que o seu acordo verbal era obrigatório em uma situação onde a lei exigia um contrato por escrito. Ou você pode criar uma responsabilidade inesperada ao pensar que o seu acordo verbal não era obrigatório em uma situação onde o contrato não precisava estar por escrito.

Como resultado, você nunca deve entrar em uma negociação de contrato sem entender as regras sobre se a forma escrita é necessária ou não. O seu entendimento da lei deve ser complementado por uma estratégia prática: durante as negociações de contratos importantes, deixe claro que você não é obrigado a nada até que vocês celebrem um acordo por escrito.

Há duas razões para esta recomendação. Em primeiro lugar, ao ter o seu acordo por escrito, você não precisa se preocupar com as normas jurídicas complexas que determinam se o acordo deve ser por escrito.

Em segundo lugar, e talvez o mais importante, isso evita as consequências da falta de memória. Embora a lei permita contratos verbais, os dois lados de um contrato, muitas vezes, têm diferentes recordações dos detalhes da negociação e do acordo. Seus pontos de vista podem ser diferentes de quando o acordo foi firmado, seu prazo, seu término, etc.. Esses problemas de memória são evitados quando o acordo está por escrito. Como observado em um provérbio chinês, "a tinta mais fraca é melhor que a melhor memória".

Regra da prova documental. Outro risco surge depois de reduzir o seu acordo por escrito. Para ilustrar este risco, imagine que você acabou de ser contratado por uma empresa em uma cidade distante da sua. Durante as negociações, a empresa promete pagar os custos da sua mudança, mas quando o acordo é colocado no papel, essa promessa não está incluída. Você está legalmente autorizado aos custos de mudança caso a empresa admita que fez tal promessa?

Embora a lei varie de país para país, de acordo com a lei dos Estados Unidos e muitos outros países, a regra da prova documental afirma que após colocar o seu acordo em papel, evidência de contratos anteriores ou atuais (como a promessa da empresa de pagar seus custos de mudança) não podem ser usados como prova caso você decida processar a empresa.

Esta regra faz sentido, visto que durante uma negociação ambos os lados podem colocar vários outros acordos expressos de lado e não incluir no contrato final. Se esse tipo de evidência pudesse ser levado até o tribunal, os tribunais precisariam sempre revisar e tentar desvendar os detalhes do que aconteceu durante as negociações.

Mesmo ao negociar um acordo sob as leis de um país que não

tenha adotado tal regra, é provável que o seu contrato inclua uma cláusula onde a regra se aplica. Estas cláusulas são incorporadas no contrato usando diferentes nomes em inglês: "*merger clause*", "*integration clause*" ou "*entire agreement clause*".

É uma boa prática incluir uma destas cláusulas mesmo quando negociando em países que adotaram a regra, pois isso pode não se aplicar em todas as situações. Por exemplo, os Estados Unidos adoptou a Convenção das Nações Unidas sobre Contratos de Compra e Venda Internacional de Mercadorias (CISG), que não inclui tal regra. Portanto, se você celebrar um contrato de venda internacional de mercadorias sujeitas à CISG, as evidências de acordos anteriores podem ser admissíveis no tribunal, a menos que você inclua uma cláusula de integridade que afirme claramente que as evidências fora do contrato escrito não são admissíveis.

Como exemplo de uma cláusula contratual típica (dos arquivos da SEC dos EUA), podemos mencionar o seguinte: em janeiro de 2012, o fundador do Facebook, Mark Zuckerberg, assinou um contrato onde emenda a um contrato de trabalho anterior, nomeando-o como presidente e diretor executivo da empresa. O acordo continha as seguintes cláusulas:

1. *Remuneração.* Salário base de $500.000, mais bônus. (estima-se que, em 2014, Zuckerberg valia $33 bilhões. Quando o contrato foi assinado, ele era proprietário de quase 28% das ações do Facebook).
2. *Benefícios.* Até 21 dias de folga remunerada por ano.
3. *Acordo de confidencialidade.* Faz referência a um acordo separado de confidencialidade e cessão de direitos intelectuais de invenções.
4. *Proibição de conflitos de interesses.* Proíbe os acordos orais ou escritos que estejam em conflito com a política da empresa.
5. *Atividades externas.* Sem o consentimento da empresa, nenhuma outra atividade de negócios está permitida.

6. *Obrigações gerais de Zuckerberg.* Inclui honestidade, integridade, lealdade e profissionalismo.
7. *Emprego "à vontade".* Pode ser demitido a qualquer momento.
8. *Retenções.* A remuneração é paga após a dedução dos pagamentos de retenção na fonte.

O contrato terminou com esta frase: "Este acordo invalida e substitui quaisquer entendimentos ou acordos anteriores, seja oral, escrito ou implícito, entre você e a empresa, em relação aos assuntos descritos neste documento". Através desta declaração, Zuckerberg e Facebook afirmaram a regra da prova documental.

Forma da escrita. Contratos não precisam ser impressos em um documento formal onde diz "Contrato" no cabeçalho. Qualquer palavra ou referência normalmente é suficiente, e isto pode ser uma armadilha. Como exemplos temos o seguinte caso: duas pessoas estavam bebendo alguns *drinks* em um restaurante. Uma delas, Lucy, se ofereceu para comprar a fazenda de 472 acres de Zehmer por $50.000. Zehmer aceitou a oferta e escreveu em um bloco de pedido do restaurante: "Nós concordamos em vender para W.O. Lucy a fazenda Ferguson pelo valor de $50.000, título satisfatório para o comprador". Zehmer e sua esposa assinaram o documento.

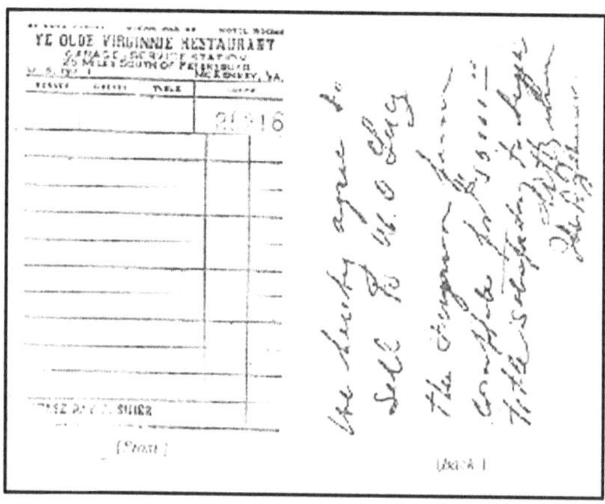
YE OLDE VIRGINNIE RESTAURANT

McKENNEY, VA.

(Front)

(Back)

Depois disso, Zehmer quebrou o acordo alegando pensar que Lucy estava brincando. Ele também argumentou que "estava muito bêbado" e que a negociação era entre "dois bêbados competindo para ver quem estava falando mais alto". O tribunal decidiu que Zehmen deveria entregar sua fazenda, visto que esse documento era um contrato válido, fazendo referência a uma variedade de fatores que foram considerados como evidência de que a intenção das partes era concluir uma transação séria de negócios e celebrar um contrato totalmente válido (*Lucy v. Zehmer*, 84 S.E.2d 516).

Ponto essencial. Mesmo quando um contrato escrito é necessário, tais como a venda de imóveis, um acordo escrito informal pode ser tão obrigatório quanto um documento formal.

Termos implícitos. Esteja ou não seu contrato escrito, pode existir certos termos implícitos pela lei. Por exemplo, suponha que você recentemente tenha se mudado para os Estados Unidos. Alguns amigos querem que você seja o "catcher" no time de beisebol e te contam sobre o *knuckleball* (arremesso que descreve um caminho imprevisível da bola) do "pitcher". Você nunca jogou beisebol e não tem a mínima ideia do que isso significa.

Você fica sabendo que um treinador de beisebol da escola local está vendendo alguns equipamentos de beisebol em uma feira de venda de garagem. Você vai até a feira de vendas sabendo que o vendedor é um treinador de beisebol e diz a ele que você precisa de uma luva de beisebol para apanhar "*knuckleballs*". O técnico aponta para uma luva afirmando que é a única a venda. Você, então, negocia um preço. Depois de comprar a luva, você descobre que é ela muito pequena para pegar *knuckleballs*. Você pode processar o treinador por quebra de contrato?

Embora vocês não tenham falado sobre isso durante a negociação, o Código Comercial Uniforme (a lei que rege a venda de bens), prevê que, nestas circunstâncias, um vendedor como o treinador lhe dá uma garantia implícita de que o item vendido é apto para o fim específico para o qual você precisa do produto, neste caso, pegar *knuckleballs*. Neste caso, o treinador violou a garantia implícita.

Ponto essencial. Tenha em mente de que o seu contrato pode incluir alguns termos implícitos por lei, mesmo que os mesmos nunca tenham sido discutidos durante a negociação.

9 Vá além das formalidades legais para criar valor

Como observado no capítulo 8, um contrato é definido como um acordo obrigatório por lei. Contratos comerciais normalmente são celebrados de modo a serem acordos de *geração de valor*, cuja execução é obrigatória por lei. Por exemplo, quando você celebra um contrato com um fornecedor, você antecipa que o produto do fornecedor irá lhe permitir aumentar o valor de seus próprios produtos.

Tradicionalmente, os advogados têm se centrado no aspecto de exigibilidade do contrato. Seu objetivo é construir acordos legalmente perfeitos, facilmente executáveis, minimizando assim o risco jurídico. Em função da mentalidade dos advogados, não nos surpreendemos com suas orientações. Advogados são treinados para ver os contratos através dos olhos de um juiz, que, eventualmente, resolveria uma disputa contratual. Portanto, um bom contrato, pelo o ponto de vista dos advogados, é aquele que minimiza o risco do cliente e é facilmente executável nos tribunais.

Enquanto a definição do contrato "obrigatório por lei" é importante e não pode ser ignorada, deve existir um equilíbrio entre ela e o outro aspecto do conceito, "acordo de criação de valor". Em outras palavras, enquanto as empresas querem que os seus acordos sejam executáveis, elas também querem contratos que lhes permitam atingir os seus objetivos de negócio. Elas veem o contrato como uma ferramenta de gestão e jurídica. Como observado pelos professores de direito, Ian Macneil e Paul Gudel, em seu livro:

Contracts: Exchange Transactions and Relations, "apenas advogados e outros profissionais com orientação sobre os problemas consideram os contratos como uma fonte principal de problemas e disputas, em vez de uma maneira de resolver o problema".

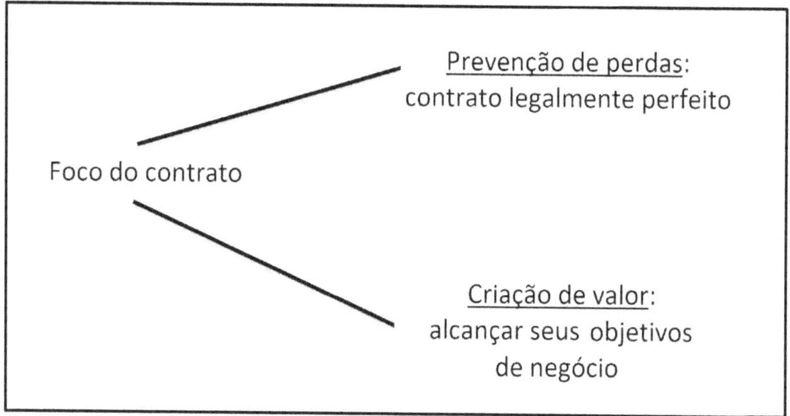

Este capítulo centra-se em duas abordagens que podem ser usadas para reconciliar as diferenças entre os objetivos comerciais e jurídicos de um contrato: uma estratégia "austera" de contratação que remodela o conteúdo dos contratos e visualização, que é projetada para tornar conceitos jurídicos mais compreensíveis.

Simplifique seus contratos com um processo "austero" de contratação

A estratégia austera de contratação permite que os gestores, juntamente com seus advogados, foquem na criação de valor através da minimização da complexidade jurídica em seus contratos. Esta estratégia aplica conceitos simples na elaboração e criação de contratos ao perguntar se os acordos da empresa podem ser simplificados mediante o exame do custo-benefício de várias cláusulas contratuais.

Por exemplo, a equipe jurídica da cervejeira Scottish & Newcastle sentiu que os recursos da empresa estavam sendo desperdiçados no processo de negociação de contrato. Seu trabalho no desenvolvimento do que eles chamaram de "abordagem Pathclearer" da contratação comercial, o qual é uma variante da contratação austera, ilustra os benefícios possíveis de uma estratégia de reorientação de contratação. Salvo indicado ao contrário, todas as referências mencionadas neste capítulo sobre essa abordagem são de um artigo altamente recomendado por Weatherley, chamdo "Pathclearer—A more commercial approach to drafting commercial contracts", (em *PLC Law Department Quarterly*, outubro-dezembro de 2005).

Finalidade de um contrato. Inicialmente, os advogados fizeram três perguntas fundamentais. A primeira foi, qual é o propósito de um contrato? Para responder a esta pergunta, eles usaram uma definição tradicional de um contrato:

> O único propósito de um contrato. . . é garantir que os direitos e obrigações que as partes se comprometem possam ser aplicados no tribunal (ou arbitragem). Para dizer de forma mais simples, a essência de um contrato é a capacidade de forçar alguém a fazer algo que não quer fazer, ou obter uma compensação pela falta de cumprimento.

Com esta definição em mente, eles perceberam que determinados termos, tais como especificações do produto, sempre devem ser por escrito e certos tipos de negócios, como "compra de ações, contratos de empréstimos e garantias", exigem contratos escritos detalhados.

Mas eles também perceberam que muitos outros cenários, como por exemplo, uma relação de longo prazo entre um cliente e fornecedor, exige mais flexibilidade. Eles reconheceram que nessas situações, a consequência de forçar obrigações contratuais em parceiros que não estão dispostos a cumprir voluntariamente tais obrigações não é atraente.

Eles concluíram que, "a economia de mercado livro é uma tentativa melhor do que continuar com obrigações contratuais". Em outras palavras, a liberdade do mercado deve dominar a liberdade tradicional da filosofia contratual (que resultou em contratos detalhados escritos).

Desvantagens dos tradicionais contratos detalhados. A segunda das três pergunta essenciais dos advogados tem foco nos riscos associados com os contratos tradicionais: "Quais são as desvantagens dos tradicionais contratos escritos detalhados?" Para responder a esta pergunta, os advogados alcançaram seis conclusões interessantes.

1. *Tentativas ilusória e onerosa para alcançar a certeza.* "A certeza aparente e proteção de um contrato escrito detalhado. . . [são] muitas vezes ilusórias" e um desperdício, visto que as empresas primeiro pagam seu advogados para elaborar os contratos que apenas eles entendem e segundo para interpretar o que os contratos significam.

   A equipe jurídica interna testemunhou "tentativas bizarras" de outros advogados tentando alcançar a certeza. Por exemplo, os advogados externos passaram horas elaborando e debatendo a definição legal precisa da "cerveja" a fim de inseri-la em um simples contrato. A equipe jurídica também reconheceu a futilidade de tentar prever o futuro.

2. *Resolução de disputa.* Contratos detalhados podem resultar na resolução de disputas.

   > Sem um contrato detalhado, os empresários que se envolvem em uma disputa geralmente discutem a questão e chegam a um acordo razoável sobre como resolvê-la. . . . No entanto, quando existe um contrato detalhado, as mesmas partes se sentem obrigadas a consultar seus advogados.

   Esta conclusão me lembra da minha recente conversa com

um CEO. Em sua opinião, o único propósito de um contrato é "ter o direito de processar". Quando disputas entre sua empresa e seus clientes surgiram, ele aconselhou sua equipe a ignorar o contrato e elaborar uma solução que atendesse as necessidades dos clientes.

3. *Complexidade.* A complexidade dos contratos gera confusão e cria um risco onde as partes não são capazes de se concentrar nos termos fundamentais, pois a "árvore dificulta a visão do bosque".

4. *Termos desnecessários.* Os princípios gerias do Direito Contratual proporciona "uma solução justa, meio-termo, para a maioria dos problemas" e "a beleza de simplesmente confiar na 'lei geral', ao invés de tentar estabelecer o acordo comercial na íntegra em um contrato escrito detalhado, é que não há necessidade de negociar as cláusulas que não são essenciais para tal negócio".

5. *Despesas.* Negociar contratos escritos detalhados é caro em relação ao tempo da gestão e do advogado e às oportunidades de negócios.

6. *Foco errado.* Contratos escritos em detalhe podem fazer com que as partes se concentrem no prior cenário possível que "pode levar a deterioração dos relacionamentos. . . . Relações comerciais contínuas são como borboletas, sutis e difíceis de capturar. Quando você tenta pegá-las, você pode matá-las no processo".

Os advogados poderiam ter acrescentado a esta lista as preocupações que surgem ao negociar com pessoas de outras culturas. Como mencionado no capítulo 5, em países como a China, desenvolver um relacionamento com alguém que você confia é mais importante do que tentar cobrir todas as possibilidades em um contrato longo.

Estudos realizados por uma associação internacional líder em matérias de gestão de contratos comerciais, a IACCM, (sigla em inglês *International Association for Contract & Commercial Management*), confirma as percepções dos advogados escoceses. A IACCM realiza uma pesquisa anual entre milhares de membros (em países de Commom Law e Direito Civil) para determinar os termos do contrato que são mais negociados e os mais importantes. Surpreendentemente, os resultados não são coerentes. Por exemplo, os cinco primeiros termos "mais negociados" nos últimos anos (2009 e 2013/2014) são:

1. Limitação de responsabilidade
2. Preço/ e ajuste de preço
3. Indenização
4. Propriedade intelectual
5. Pagamento

Nenhum destes termos se encontra entre os "mais importantes" na lista mais recente (2013/2014):

1. Escopo e objetivos
2. Responsabilidades das partes
3. Gerenciamento de mudanças
4. Entrega/aceitação
5. Comunicação e relatórios

Um relatório sobre os resultados da pesquisa (2013/2014 *Top Terms*) concluiu que:

> Muitas negociações entre empresas são dominadas por discussões sobre questões financeiras (preço e pagamento) e alocação de riscos (responsabilidade, indenização, segurança de dados, avaliação de desempenho e cláusula penal). . . . Elas não contribuem em nada para uma abordagem de benefício mútuo (*win-win*) que os negociadores afirmam preferir. Em pesquisas anteriores, quase 80% dos participantes reconhecem que o foco de suas ne-

gociações não resulta no melhor resultado para ambas as partes.

Outras formas de alcançar os objetivos de negócios. A terceira e última pergunta formulada pela equipe jurídica é se existem outras maneiras de alcançar os objetivos de negócio sem contratos escritos detalhados. Os advogados da Scottish & Newcastle responderam a esta pergunta de forma afirmativa, concentrando-se no conceito de "afinidade comercial".

A afinidade comercial é a força que mantém as partes unidas, conservando relações comerciais mutuamente benéficas. O alinhamento dos interesses das partes, através de incentivos cuidadosamente construídos, combinado com o direito de cada parte deixar o negócio se o mesmo não foi mais economicamente atrativo, incentiva as partes a atender às necessidades do outro lado e alivia a necessidade de tantos direitos e obrigações táticas em um contrato.

Em resumo, embora eles não recomendam fechar um acordo com um aperto de mãos, os advogados da Scottish & Newcastle perceberam que uma abordagem diferente é apropriada quando as partes estão em uma relação de negócios contínua. Por exemplo, não há necessidade de explicações detalhadas em contratos, como "acordos de saída (tais como obrigações para comprar bens de fornecedores . . .)". Mas, ao abordar as três perguntas fundamentais, eles perceberam que em muitas outras situações, contratos mais austeros eram possível.

A abordagem da empresa Pathclearer em uma relação comercial contínua é ilustrada pelo contrato austero negociado com um prestador de serviços. As duas partes originalmente tinham um contrato de dez anos com mais de 200 páginas. Durante a renegociação do contrato, eles reduziram substancialmente o tamanho do mesmo através da "abordagem Pathclearer", outorgando a cada parte o direito de rescindir o acordo, desde que haja um aviso prévio de 12 meses (um botão “nuclear” mútuo).

> Ao outorgar a chance de rescindir o contrato a qualquer momento, evitamos a necessidade de ter de negociar os termos detalhados no contrato. . . . Esta é uma maneira muito mais poderosa de influenciar o prestador de serviços; muito mais eficiente do que entrar em um debate técnico sobre o cumprimento das prestações estabelecidas no contrato.

A imagem abaixo ilustra um contrato entre uma empresa de cerveja dos Estados Unidos e um dos seus fornecedores; um contrato de 23 páginas, mais 8 páginas de anexos.

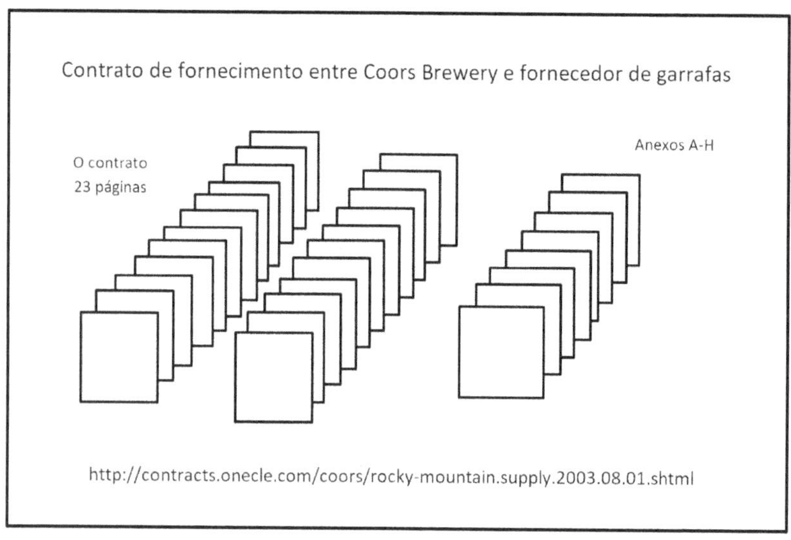

Compare o contrato da empresa Coors com o da Pathclearer com um dos seus fornecedores; uma página mais um apêndice.

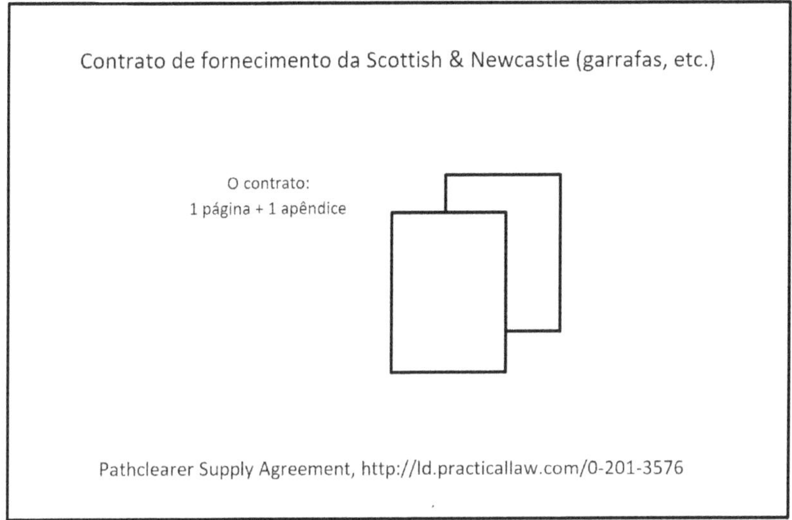

Utilize a visualização para entender suas negociações e contratos

Como ilustrado nos diagramas de contrato, uma imagem pode valer mais do que mil palavras. O uso de fotos e outras formas de visualização pode ajudá-lo a esclarecer suas decisões de negociação e compreender melhor os termos do contrato que você está negociando.

Visualizando as decisões de negociação. Ao fazer contratos mais austeros, você deve tentar eliminar ou suavizar determinadas disposições que encarecem ou complicam as negociações do contrato. A visualização pode ajudá-lo a identificar estas disposições.

Por exemplo, uma cláusula de indenização nos contratos da Microsoft fez com que as negociações contratuais levassem 60 a 90 dias a mais do que o normal, pois os clientes não queriam fornecer a indenização solicitada pela Microsoft. A Microsoft suavizou a cláusula após perceber que os benefícios da mesma eram mínimos, em contraste com os custos potenciais, tais como custos de reputação (resultantes das negociações de confronto), custos de recursos (advogado e tempo) e custos de fluxo de caixa (causados pelo atraso nos vendas durante os dois - três meses adicionais de negociação).

Ao descrever e comentar esses custos, Tim Cummins, CEO da IACCM, concluiu que "a gestão de risco é como equilibrar a consequência e a probabilidade. Quando a consequência é gerenciada, deve-se levar em conta a probabilidade, e como resultado, outros riscos e exposições, tais como os custos de reputação e recursos, tornam-se inevitáveis" ("Best practices in commercial contracting", no livro *A Proactive Approach*).

As árvores de decisão, como mencionadas no capítulo 3, são úteis para visualizar as decisões de negociação e estabelecer o equilíbrio entre o risco e a probabilidade como no exemplo da Microsoft. Vamos supor que a cláusula contratual em questão outorgava $20 milhões em indenização a Microsoft e existe uma probabilidade de 1% de que a empresa perca $20 milhões e invoque a cláusula (esta probabilidade pode ser estimada com base na experiência do passado. Na prática, a chance de essa cláusula seria invocada é inferior a 1%).

Vamos também supor que o tempo de gerência e advogado para negociar os custos de indenização e o fluxo de caixa resultantes do atraso nas vendas durante as negociações totalizam $1 milhão. Portanto, a Microsoft pagaria $1 milhão pelo o equivalente a uma apólice de seguro de $20 milhões. Com base nestes pressupostos, a Microsoft deve pagar $1 milhão para este "seguro"?

A seguinte árvore de decisão representa a probabilidade de 1% de a Microsoft perder $20 milhões se ela desistir da cláusula de indemnização, e a probabilidade de 99% de ela não perder nada. Isso resulta em um valor esperado de $200.000 (0,99 × 0 mais 0,01 × $2 milhões). Com base nestes valores e probabilidades (e não considerando sua atitude em relação ao risco) a Microsoft tomou a decisão certa quando decidiu ter mais flexibilidade na sua postura de negociação.

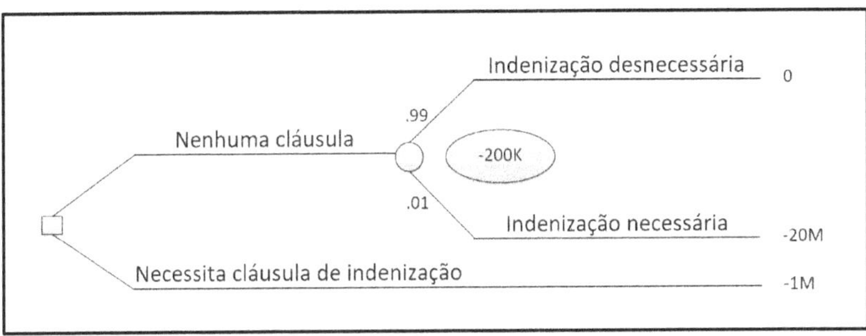

Neste caso, nós fizemos um pressuposto de que os custos de negociação da Microsoft eram de $1 milhão. Às vezes, as oportunidades perdidas devidas a lentidão das negociações são muito mais elevadas. Por exemplo, um reconhecido advogado do ramo de petróleo e gás me contou que ele representava uma empresa que negociou a venda de outra empresa por $30 milhões para um comprador. A assinatura do contrato foi adiada quando os advogados do escritório de advocacia do comprador insistiram em uma cláusula que indenização em situações de baixa probabilidade. Enquanto as negociações desta cláusula estavam em processo, outro comprador ofereceu pagar mais de $100 milhões. O desejo de ter um contrato jurídico perfeito por parte do escritório de advocacia do comprador custou mais de $70 milhões ao cliente!

Visualizando as disposições contratuais e outros documentos. A visualização também pode ajudar a compreender os termos de um contrato e outros documentos complexos. Por exemplo, muitas vezes, os contratos são cheios de cláusulas como a abaixo, as quais desafiam as habilidades cognitivas dos negociadores:

> Este contrato será válido por um período inicial de três (3) anos a partir da data de assinatura do mesmo. A menos que uma das partes forneça um aviso prévio de pelo me-

> nos seis (6) meses antes do termino do período de três anos, ele permanecerá em vigor até nova ordem, com um período de aviso prévio de pelo menos três (3) meses. A notificação deverá ser feita por escrito.
>
> (Adaptado de "Framework Agreement for Purchasing Services", de Ruuki).

No diagrama abaixo, as líderes do movimento de "visualização", Stefania Passera e Helena Haapio (frequente coautora de meus livros), mostram como a visualização pode esclarecer o significado desta cláusula.

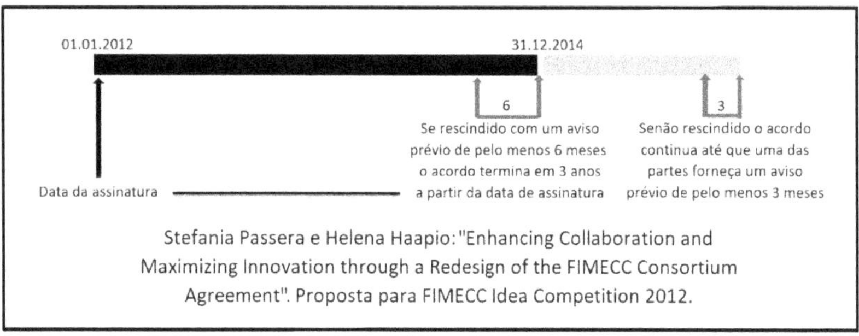

Stefania Passera e Helena Haapio: "Enhancing Collaboration and Maximizing Innovation through a Redesign of the FIMECC Consortium Agreement". Proposta para FIMECC Idea Competition 2012.

Outro exemplo ilustra o valor de usar a visualização quando se lida com outras formas de documentos legais complexos. Em 2013, Helena Haapio me convidou para um "*Legal Design Jam*", uma sessão de desenhos para visualizar a política de marcas registradas da Fundação Wikimedia. Ela era uma facilitadora, juntamente com Stefania Passera, Margaret Hagen da Stanford, e Yana Welinder, consultora jurídica da Fundação. O pequeno grupo de participantes incluiu uma mistura de *designers* e advogados.

Antes do esforço, a política da marca era um típico documento escrito e extenso. O resultado final do "*Legal Design Jam*" foi uma política atualizada e revisada, além de clara e colorida: http: //wikimediafoundation.org/wiki/Trademark_policy.

Neste site, uma marca de seleção verde é utilizada para designar situações onde os usuários podem usar livremente as marcas, (como por exemplo, quando se faz referência dos sites da Wikimedia em obras literárias). Um ponto de interrogação laranja é usado em situações onde é necessário ter permissão (quando você quer "usar o logotipo da Wikipedia em um filme") e um "x" vermelho indica que seu uso é proibido (como por exemplo, quando você cria um site que imita um site da Wikimedia).

Ponto essencial. O uso de visualização através de árvores de decisão, fotos, diagramas e cor podem esclarecer suas decisões de negociação e sua compreensão de complexos documentos jurídicos.

IV TERMINE O FINAL DO SEU JOGO

10. Execute e avalie o seu contrato

10 Execute e avalie o seu contrato

Sem dúvida nenhuma, muito contratos são realizados sem complicações. Nosso foco neste capítulo estará em situações onde surgem dificuldades na etapa de execução. O capítulo enfatiza alternativas aos litígios que são desenvolvidas para manter ambas as partes afastadas do tribunal. Como observado no capítulo 2, estas alternativas são chamadas de "resolução alternativa de disputas" (ou ADR, sigla em inglês).

É essencial compreender os processos da ADR por três motivos. Primeiro, como parte de uma negociação comercial, você deve decidir se deseja incluir a discussão da ADR em suas negociações contratuais. Para entender o que você está negociando, você deve entender os conceitos básicos dos dois principais processos da ADR, mediação e arbitragem.

Mesmo quando o seu advogado está envolvido nas negociações, você pode precisar assumir a liderança na negociação das cláusulas sobre ADR. De acordo com um estudo, cerca de um terço dos advogados "nunca aconselha seus clientes a tentar a mediação ou arbitragem". ("Attorneys' Use of ADR is Crucial to Their Willingness to Recommend It to Clients", *Dispute Resolution Magazine*, do ano 2000). O seguinte é o que o lendário litigante, Joe Jamail, disse sobre a mediação: "Eu sou um advogado de defesa. . . . Existem alguns advogados que não fazem nada além dessa porcaria de mediação. Você sabe qual é a raiz da mediação? Mediocridade!" ("Lions of the Trial Bar", *ABA Journal*, de março de 2009).

Por outro lado, muitos advogados gostam da ADR. Talvez Gandhi tenha dito da melhor maneira possível:

> Minha alegria foi ilimitada. Eu aprendi a praticar a lei de verdade. Aprendi a descobrir o melhor aspecto da natureza humana e a alcançar os corações dos homens. Percebi que a verdadeira função de um advogado era unir as partes. . . . A lição foi tão marcante que, grande parte do meu tempo durante os últimos 20 anos praticando direito, foi dedicada a chegar a acordos em centenas de casos. Desta maneira, eu não perdi nada, nem mesmo dinheiro, e muito menos minha alma.
>
> (Gandhi, An Autobiography: The Story of My Experiments With Truth)

A segunda razão pela qual entender os processos da ADR é importante é que você pode se tornar um participante desses processos se surgir uma disputar sobre a execução de um contrato. Se você concordou em arbitragem, você deve participar da seleção do árbitro; você deve decidir se precisa ou não de um advogado; você deve entender se é possível recorrer da decisão do árbitro, e assim por diante.

Terceiro, ao longo do seu negócio e sua vida pessoal, muitas vezes você vai desempenhar o papel de um terceiro ao resolver disputas de trabalho ou de familiares. No mínimo, você deve ter a capacidade de tomar uma decisão informada sobre se é melhor agir como árbitro ou se o papel do mediador faz mais sentido.

Este capítulo começa falando sobre um tema que às vezes é negligenciado na discussão da ADR: a prevenção de disputas. Em seguida, iremos ver os dois principais processos da ADR, arbitragem e mediação, juntamente com uma discussão das ferramentas da ADR que você pode usar para implementar esses processos. O capítulo termina examinando os conceitos desenvolvidos para ajudá-lo a rever, avaliar e melhorar suas negociações.

PREVINA DISPUTAS

A prevenção de disputa está focada na previsão da ação das pessoas e não naquilo que os tribunais podem decidir. Nas palavras do professor Edward Dauer: "O primeiro princípio da lei preventiva é que, muitas vezes é mais importante prever o que as pessoas vão fazer do que prever o que um juiz vai fazer" (*Corporate Dispute Management*). As origens deste princípio foram dolorosamente afirmadas pelo filósofo francês Voltaire, que disse: "Só me arruinei duas vezes na vida: uma vez quando perdi um processo e outra quando ganhei".

Há anos, tiver uma experiência com a prevenção de disputa após passar uma noite no hotel Marriott, no Texas. Eu havia viajado para dar um seminário jurídico para um grupo de executivos na manhã seguinte e pedi para que a recepção do hotel me ligasse no horário determinado para me acordar; ninguém nunca ligou.

Ao fazer o *check-out*, no cartão de *feedback*, eu mencionei o fato de que ninguém me ligou pela manhã. Duas semanas depois, o presidente do Marriott, Bill Marriott, enviou uma carta pessoal para minha casa em Stanford, Califórnia, onde eu estava dando aulas na época. Na carta, ele pediu desculpas pelo fato que de ninguém havia me ligado pela manhã e que ele tinha solicitado ao gerente geral do hotel para investigar o ocorrido.

Diferente foi a postura adotada por outro hotel diante do famoso incidente trágico, onde a estrela internacional, Connie Francis, foi vitima de estupro por um intruso enquanto estava hospedada no Howard Johnson Motor Lodge. Sua reação foi: "Eu nunca sequer recebi uma carta do sr. Howard B. Johnson dizendo 'Lamentamos o ocorrido'. Após o choque, eu fiquei com muita raiva". (*New York Times*, 2 de julho de 1976). Após tanta raiva, ela processou o hotel e, eventualmente, ganhou $2.5 milhões.

Nós podemos apenas especular a razão pela qual o hotel nunca entrou em contata com Connie Francis. Provavelmente, os líderes da empresa seguiram a abordagem tradicional, isso é, perguntar aos seus advogados se um tribunal poderia lhes condenar. Os advogados podem ter respondido que o hotel não deveria ser responsabilizado pelos atos de um terceiro (pelo menos sob a lei na época) e eles podem ter pedido para que a gestão do hotel não entrasse em contato com a cantora ou fizesse qualquer outra coisa que pudesse indicar que eles eram responsáveis. Esta foi a abordagem tradicional, que difere substancialmente com o pedido de desculpas do Marriott.

Os dois exemplos ilustram situações onde os hotéis usaram (Marriott) e não usaram (Howard Johnson) uma abordagem advocacia preventiva *após* o desenvolvimento de um problema. Você também pode incorporar uma abordagem preventiva em seus contratos antes de surgirem incidentes. Por exemplo, um processo chamado "colaboração" é usado no ramo da construção. Embora existam muitas variações, este é o formato habitual, conforme descrito no *The Construction Industry's Guide to Dispute Avoidance and Resolution*, publicado pela AAA (*American Arbitration Association*).

> Representantes das partes interessadas no projeto participam de seminários de pré-construção, a fim de conhecer uns aos outros e dividir suas dúvidas e preocupações. Facilitadores neutros orientaram as conversas sobre o projeto, metas individuais específicas e agendas. Durante esses encontros, os participantes desenvolvem maneiras de reconhecer os riscos que podem criar obstáculos para o sucesso do projeto. Eles desenvolvem métodos para evitar, controlar ou lidar com potenciais fontes de conflito. O resultado final é um acordo conjunto assinado pelos participantes do seminário que estabelece seus objetivos e manifesta o seu compromisso com o projeto.

Ponto essencial. Durante as negociações, considere acrescentar uma cláusula de prevenção de disputas em seus contratos.

USO DA ARBITRAGEM PARA RESOLVER SUAS DISPUTAS CONTRATUAIS

Agora iremos começar a analisar o primeiro dos processos básicos da ADR, a arbitragem. Os acordos para resolver disputas através de arbitragem permeiam nossas vidas pessoais. Se você usa um cartão de crédito, tem um seguro de carro, compra ações, usa o eBay ou Amazon, é provável que você esteja concordando em submeter suas disputas para uma arbitragem. Por exemplo, o meu (e o seu também) acordo de arbitragem com a Amazon estabelece:

> Qualquer disputa ou reclamação vinculada de alguma maneia com o uso de qualquer serviço proporcionado pelo Amazon, ou de quaisquer produtos ou serviços vendidos ou distribuídos pelo Amazon ou através do Amazon.com será resolvido por arbitragem, e não pelo tribunal competente. . . . Não há juiz ou júri na arbitragem, portanto, limitada a revisão judicial de uma decisão arbitral.

Além dos acordos de consumo, a arbitragem é um processo comum de resolução de litígios disputas comerciais e é usada até mesmo para resolver disputas com os governos. Em 2014, um tribunal de arbitragem internacional decidiu que a Rússia devia $50 bilhões para os acionistas da Yukos como forma de indenização pela confiscação dos bens da empresa ("Now Try Collecting", *The Economist*, 02 de agosto de 2014).

O processo de arbitragem

Como observado no *A Guide to Mediation and Arbitration for Business People* (AAA), o processo de arbitragem geralmente segue esta sequência.

Acordo. Na maioria dos casos, a arbitragem não é usada a menos que você primeiro concorde com o processo. Você pode concordar ao celebrar um contrato pela primeira vez, como no exemplo do Amazon, ou você pode concordar assim que surgir uma disputa.

Seleção de um árbitro. Seu contrato pode prever que uma associação, tais como a *American Arbitration Association*, forneça uma lista de possíveis árbitros registrados. Se você e o outro lado não concordarem com um árbitro da lista, a associação poderá apontar um arbitro para vocês.

Você também pode usar uma abordagem mais informal ao selecionar um árbitro. Por exemplo, se você estiver criando uma parceria comercial com outra pessoa, você poderia pactuar em seu contrato que, se uma disputa surgir, cada um de vocês irá nomear um árbitro e estes dois árbitros em seguida, selecionam um terceiro árbitro.

Audiência e laudo. A audiência de arbitragem é muito parecida com uma audiência judicial, e você deve decidir se será ou não representado por um advogado. Caso necessário, o árbitro tem o poder de intimar testemunhas. A audiência iniciará com uma declaração de abertura, seguida de um interrogatório e questionamento de testemunhas, e termina com uma declaração final.

Diferente dos processos judiciais, a audiência arbitral é privada e o árbitro normalmente usa o bom senso em vez de as regras técnicas do processo judicial para decidir se uma prova é ou não relevante para resolver o caso.

Após a audiência, o árbitro chega a uma decisão (laudo arbitral). Embora nem sempre seja o caso, o árbitro pode tomar a decisão sem fornecer uma opinião que explique a razão para tal decisão. Se a parte vencida não cumprir a sentença, a decisão pode ser exigível por um juiz.

Recursos

Como a política pública favorece a finalidade de decisões arbitrais, a capacidade de entrar com um recurso e recorrer ao sistema judicial é muito limitada. Embora os tribunais possam anular uma decisão quando, por exemplo, o árbitro está envolvido em corrupção ou fraude, eles normalmente não intervêm mesmo quando o árbitro comete um erro sobre os fatos ou a lei.

Esta regra de finalidade foi citada por um tribunal da Califórnia no caso *Palo Alto v. Service Employees International Union* (91 Cal. Rptr.2d 500). Um funcionário da cidade de Palo Alto ameaçou outros funcionários com violência física e até mesmo em atirar neles. Os funcionários não deram importância às ameaças, supondo que era apenas uma brincadeira. O funcionário também disse que ele poderia matar uma pessoa a 550 metros de distancia. Ele era dono de 18 rifles e pistolas, e tinha uma placa de carro personalizada que lia "SHOOT" (atirar em inglês).

Na sequência de uma disputa, o funcionário em questão ameaçou atirar em outro funcionário, sua esposa e bebê, o qual terminou com sua prisão por ameaças, onde ele finalmente se declarou culpado de perturbar a ordem publica. O conselho da cidade também conseguiu uma liminar que proibia o funcionário de ter qualquer contato com a pessoa que ele ameaçou e decidiu encerrar sua relação de trabalho.

Em seguida, a decisão da cidade foi considerada por um árbitro conforme permitido pelo contrato com o sindicato. Entre outras coisas, o árbitro decidiu que as ameaças eram "coisas que se diz todos os dias 'entre homens'", e eram toleradas neste local de trabalho e não eram genuínas. Como resultado, ele ordenou a reintegração do funcionário ao seu cargo e concedeu-lhe salários atrasados.

No recurso, o tribunal citou um precedente na qual "a revisão judicial das decisões arbitrais é extremamente restritiva" e "a decisão de um árbitro, geralmente não é passível de ser revisada por erros de fato ou de direito, mesmo quando ela causa uma injustiça substancial para as partes". No entanto, em uma reviravolta pouco comum, o tribunal finalmente decidiu que o funcionário não poderia ser reintegrado neste caso, por causa da liminar anterior.

Se você quiser utilizar a arbitragem, mas estiver preocupado em colocar muito poder nas mãos de um árbitro, cuja decisão não cabe recurso, você pode tentar negociar um acordo que inclui um processo de apelação. Por exemplo, a partir de novembro de 2013, a *American Arbitration Association* adotou regras que permitem o recurso a um painel de árbitros com permissão para rever "erros de direito que sejam materiais e prejudiciais, e determinações do fato que estão claramente errados" (AAA, *Optional Appellate Arbitration Rules*).

Entenda as despesas de arbitragem

Frequentemente, os negociadores tentam incluir acordos de arbitragem em contratos a fim de reduzir custos. No entanto, certos aspectos da arbitragem podem ser mais caros do que o litígio em si. Com base em estimativas de custo calculadas por especialistas no Texas, Flórida e Pensilvânia, a arbitragem de uma disputa de construção de $600.000 custaria $25.400 em gastos iniciais, custos de serviço e honorário do árbitro. O custo inicial de um litígio seria de apenas $300, já que o serviço, juiz e tribunal são gratuitos.

No entanto, o total dos custos legais seria de $120.300, em comparação com $94.500 da arbitragem. Uma das razões é que as taxas legais dos litígios são muito mais elevadas. A taxa para a preparação e comparecimento a uma audiência é $12.000 maior do que uma audiência de arbitragem. Além do mais, entrar com um recurso aumentaria substancialmente o valor final. ("Comparing Cost in Construction Arbitration & Litigation", *Dispute Reso-*

lution Journal, maio/julho 2007).

Ponto essencial. Tenha dois fatores importantes sempre em mente ao decidir negociar para incluir uma cláusula de arbitragem em seus contratos. Primeiro, na maioria dos casos, não é permitido recorrer à decisão do árbitro, visto que o mesmo será o seu juiz, júri e tribunal de apelações. Segundo, os processos de arbitragem podem não ser tão econômicos como se pensa, mas provavelmente ainda são mais baratos do que os litígios.

USE A MEDIAÇÃO PARA RESOLVER SUAS DISPUTAS CONTRATUAIS

Tipos de Mediação

A mediação é o segundo dos dois processos básicos da ADR. Em outras palavras, a mediação é uma negociação assistida por terceiros. Tradicionalmente, o objetivo da mediação é resolver um problema específico usando um dos dois processos de mediação. No primeiro processo, *mediação facilitadora*, a função do mediador é tornar as cosias mais fáceis para que as partes possam discutir e resolver suas diferenças. No segundo processo, *mediação avaliativa*, é solicitado que o mediador avalie os méritos do caso de cada lado, porém, sem tomar uma decisão (ao contrário da arbitragem).

Nos últimos anos, uma terceira opção foi desenvolvida, *mediação transformadora*. Embora a mediação transformadora também possa resultar na resolução de um problema específico, o objetivo final é melhorar a relação entre as partes. Depois que o Serviço Postal dos EUA adotou a mediação transformadora na década dos anos 90, ele economizou milhões de dólares em custos legais e melhorias de produtividade ("Companies Adopting Postal Service Grievance Process", *New York Times*, de 06 de setembro de 2000).

Certa vez, perguntei a uma pessoa que havia pesquisado sobre a mediação no Serviço Postal que me deu um exemplo de uma "*mediação transformadora*". Ela mencionou o caso de uma funcionária que havia apresentado uma queixa de assédio sexual contra seu supervisor. Através da mediação transformadora, as partes descobriram que o verdadeiro problema era o relacionamento entre as partes. O supervisor chamava todos os carteiros por seus números de rota; a funcionária sentiu que isso era desumano. Depois de corrigir o problema, o supervisor começou a chamá-la pelo seu nome e a queixa foi retirada.

Audiência preliminar

Uma ferramenta especialmente útil usada por muitos mediadores é a *audiência preliminar*. Com essa audiência, o mediador se encontra, de forma separada, com cada uma das partes para discutir seus interesses e posições. O mediador mantém esta informação confidencial, se as partes assim desejarem.

Através deste processo, o mediador pode completar uma análise de negociação que inclui o preço de reserva de cada parte, a estimativa "mais provável", a BATNA (melhor alternativa para um acordo negociado) e a ZOPA (zona de possível acordo). Então, o mediador pode ajudar as partes a chegar a um acordo dentro dessa zona ou, se não houver nenhuma zona, aconselhá-los que a mediação é uma perda de tempo.

Ponto essencial. Lembre-se que existem três tipos de mediação. Selecione um mediador cujas habilidades coincidem com o processo que você selecionou.

SEJA CRIATIVO NA UTILIZAÇÃO DOS PROCESSOS DA ADR

Os dois modelos básicos de resolução de litígios, arbitragem e mediação, fornecem muitas oportunidades para a criatividade e inovação. Em um caso, excedendo os limites da criatividade, um juiz, aparentemente farto da dependência das partes nos tribunais federais, decidiu criar uma nova forma alternativa de resolução de disputas: às 16h da sexta-feira, 30 de junho de 2006, o conselho convocará num local neutro. . . . [e] deverá determinar quem é o ganhador jogando "pedra, papel ou tesoura" (*Avista Management v. Wausau Underwriters*, 2006 AMC 1569).

Dois exemplos importantes de variação de mediação e arbitragem são os modelos "mini-julgamento" e "alugue um juiz".

Mini-Julgamento

O mini-julgamento é uma variação do modelo de mediação. O seu protótipo envolveu um processo de propriedade intelectual no valor de $6 milhões apresentado pela empresa por Telecredit contra TRW. Este processo começou como qualquer outro. As partes gastaram cerca de $500.000 e trocaram 100.000 documentos, sem nenhuma resolução à vista. Dado a lentidão, os executivos das duas empresas criaram um processo estruturado que veio a ser conhecido como um mini-julgamento.

O processo envolveu cinco partes: um advogado e um executivo de cada parte e um *expert* em propriedade intelectual. Cada um dos advogados teve metade de um dia para explicar suas respectivas versões do caso e responder as perguntas dos executivos. Em seguida, os executivos se reuniram brevemente e resolveram o caso.

Estima-se que houve uma economia de cerca de $1 milhão em honorários e taxas. Através deste processo, os executivos conseguiram ouvir o caso, tal como apresentado pelo advogado da outra parte (que poderia ter sido muito diferente do que eles haviam escutado até tal momento de seus próprios advogados). Eles também conseguiram resolver a questão de forma que fez sentido pelo ponto de vista comercial, diferente de uma típica decisão do tribunal que muitas vezes geram um desequilíbrio contrário aos dos negócios, onde uma parte sai ganhando e outra perdendo $6 milhões neste caso.

Alugue um juiz

"Alugue um juiz" é uma variação do modelo de arbitragem que consiste em eleger o próprio juiz. Embora a audiência seja semelhante à de um julgamento, o "alugue um juiz" oferece os mesmos benefícios que as outras formas de arbitragem. Quando Brad Pitt e Jennifer Anniston usaram esse modelo de arbitragem para lidar com seu divórcio em 2005, eles conseguiram selecionar seu próprio juiz (presumivelmente um juiz que já conhecia o processo de divórcio). Eles também conseguiram concluir o processo de divórcio rapidamente e mantiveram a sua privacidade, pois a imprensa não tinha autorização para assistir à audiência. Para mais informações, consulte: http://www.npr.org/templates/story/story.php? storyId=4812658.

Use ADR para fechar um acordo

Historicamente, processos como a arbitragem e mediação têm sido utilizados como alternativas aos processos judiciais para resolver disputas. No entanto, nos últimos anos, estes processos também têm sido cada vez mais utilizados para negociar acordos. A mediação é especialmente promissora, pois o uso de uma audiência preliminar permite que mediadores preparem uma análise de negociação que leva em conta informações confidenciais de ambas as partes.

De acordo com uma pesquisa, cerca de 40% dos mediadores entrevistados usaram a mediação para acordos entre $100.000 a $26 milhões. Alguns exemplos mencionados nos estudos incluem investimentos anjo, parcerias médica, a venda de direitos de televisão a cabo, e uma *joint venture* de *software*. (http://www.pon.harvard.edu/daily/mediation/mediation-in-transactional-nego tiation-2/)

A arbitragem também é uma possibilidade para resolver problemas difíceis durante as negociações. Temos um bom exemplo da arbitragem no beisebol, quando os jogadores negociam seus salários. Uma característica típica da arbitragem no beisebol é que cada parte apresenta um valor final para o árbitro, onde, em seguida, deve selecionar um dos dois valores.

Por exemplo, suponhamos que um impasse surgiu durante as negociações onde um "*pitcher*" exige um salário de $20 milhões e a equipe oferece $10 milhões. Se recorrerem à arbitragem salarial, ambas as partes entregam um valor ao árbitro, que deve selecionar um dos dois números. Como ambos os lados querem que o árbitro selecione o seu valor, cada parte está mais suscetível a ser mais razoável do que ao fazer as exigências originais. Embora comumente usada para facilitar as negociações de beisebol, esta forma de arbitragem pode ser usada em qualquer tipo de negociação de acordo.

Ponto essencial. Pense de forma criativa ao desenvolver um processo da ADR. Considere o uso dos processos da ADR para negociar acordos e fechar negócios.

USE QUATRO FERRAMENTAS CHAVES DA ADR

Quatro ferramentas da ADR são especialmente úteis em relação às disputas comerciais: o compromisso corporativo, as telas, as cláusulas contratuais e os recursos online.

Compromisso corporativo

O Instituto Internacional "*Conflict Prevention & Resolution*" (CPR) foi o pioneiro no desenvolvimento de uma promessa que as empresas podem adotar como uma declaração da política corporativa. A principal frase na promessa afirma: "Em caso de uma disputa comercial entre a nossa empresa e outra organização que fez ou irá fazer uma declaração semelhante, estamos dispostos a explorar com essa outra parte a resolução de uma disputa através da negociação ou técnicas da ADR antes de seguir adiante com processos judiciais". Mais de 4.000 empresas operacionais adotaram essa política. (http://www.cpradr.org/Home.aspx)

Esta promessa é especialmente útil, dada à tendência de desvalorização reativa discutida no capítulo 7. Se você estiver envolvido em uma disputa e propuser um processo da ADR, a outra parte pode reagir à proposta desvalorizando-a, ao talvez pensar que esta ação é um sinal de fraqueza. Esta reação pode ser minimizada se você indicar que a proposta é o resultado de uma política corporativa preexistente que favorece a ADR.

Telas

As "*telas*" são uma série de perguntas destinadas a ajudar as partes a selecionar uma forma vinculativa ou não vinculativa de resolver as disputas. Os processos vinculativos são a arbitragem e os processos judiciais; os processos não vinculativos são a mediação e a negociação.

O CPR publica um guia especialmente útil chamado *ADR Suitability Guide* que possui uma "tela" de mediação. Para que as partes possam determinar se irão optar pela mediação, a tela faz perguntas que incidem sobre os seguintes fatores:

- A relação das partes
- A importância do controle do processo e da decisão
- A importância da descoberta
- A probabilidade de êxito no jurídico
- O custo do litígio
- A importância da rapidez na decisão do caso e sua privacidade

- O poder relativo de ambos os lados

Cláusulas contratuais

As partes podem celebrar um contrato de ADR como parte da negociação comercial, antes que surja uma disputa ou podem esperar até que um conflito esteja instalado. Os acordos após disputa, muitas vezes são difíceis de negociar, pois a relação entre as partes já está tensa. Veja aqui um exemplo de um acordo antes de uma disputa, que faz parte da carta da Oracle oferecendo o cargo de presidente a Mark Hurd:

> Você e Oracle entendem e concordam que toda disputa, presente ou futura, decorrente ou relacionada ao seu emprego com a Oracle, ou a rescisão do referido trabalho, será resolvida por arbitragem de caráter definitivo e vinculativo, e nenhum outro fórum para a resolução das disputas estará disponível para qualquer uma das partes, exceto para as reivindicações abaixo identificadas. A decisão do árbitro será definitiva e vinculativa para você e para a Oracle, e deve ser executável por qualquer tribunal adequado.
>
> (http://contracts.onecle.com/oracle/hurd-offer-2010-09-02.shtml)

As cláusulas contratuais de ADR podem prever apenas um processo, assim como a cláusula de arbitragem de Hurd, ou os processos podem ser vinculados. Por exemplo, as partes podem acordar em usar negociação e/ou mediação antes de recorrer à arbitragem.

Resolução de disputas online (ODR)

Nos últimos anos, os avanços na tecnologia permitiram que a ADR se convertesse para uma ODR. Os sistemas online permitem que as partes usem a negociação, mediação e arbitragem para resolver negócios e disputas pessoais.

A sua decisão de usar um sistema de resolução de disputa online envolve uma análise de custo-benefício. Por um lado, processos online economizam custos de viagem e são convenientes. Por outro lado, há evidências de que eles são menos eficazes, especialmente porque é difícil construir um relacionamento com a outra parte, pois, como observado no capítulo 5, conhecer a outra parte é um aspecto bastante importante da negociação. Uma maneira de superar esse problema é combinar a negociação pessoal com a ODR ao marcar encontros no final de uma etapa da negociação antes de seguir para a fase online.

Ponto essencial. Ao implementar os processos de ADR, use as quatro ferramentas descritas nesta seção: compromisso corporativo, telas, cláusulas contratuais e ODR.

REVISE E AVALIE SUA NEGOCIAÇÃO

O contrato é um importante recurso corporativo situado no centro da criação de valor e vantagem competitiva. É improvável que alguma empresa consiga sobreviver, muito menos prosperar, sem contratos financeiramente bem sucedidos. Dada a importância dos contratos para o crescimento de uma empresa, a avaliação do desempenho da negociação e o contrato são essenciais.

A principal pergunta durante uma avaliação é se o contrato foi realizado com sucesso. Embora muitos fatores tenham a função de determinar se o desempenho do contrato é bem sucedido, o processo de negociação é o aspecto mais importante. Nesta seção veremos mais sugestões para a revisão deste processo.

Faça uma revisão geral da negociação

Ao realizar uma análise pós-negociação, você pode se ver tentado a se concentrar naqueles pontos que os negociadores passaram a maior parte de seu tempo em vez de onde seu tempo deveria ter sido gasto. Como observado no capítulo 9, as pesquisas da IACCM (*International Association for Contract & Commercial Management*) concluíram que as clausulas contratuais "mais negociadas" não são as "mais importantes". Ao invés de focar o seu comentário nas cláusulas "mais negociadas" (como limitação de responsabilidade, indenização e pagamento) passe mais tempo com as cláusulas "mais importantes" (tais como o escopo e os objetivos, as responsabilidades das partes e a gestão de mudança).

Além de mudar seu foco da "mais negociada" para a "mais importante", pergunte a si mesmo se você está tomando as medidas adequadas e se estas estão ligadas aos incentivos dos negociadores dentro da sua organização. Essas duas preocupações são abordadas em profundidade em um artigo excelente por Danny Ertel na *Harvard Business Review*, chamado "Turning Negotiation into a Corporate Capability".

Ertel observa que, ao lado da compra, em vez de vincular os incentivos com descontos obtidos pelos compradores, as empresas criativas colocam o foco "nas eficiências operacionais adquiridas através da utilização do fornecedor, as reduções de defeitos alcançados pelo fornecedor, e até mesmo a função do fornecedor no desenvolvimento das inovações de produto ou serviços". A partir da perspectiva das vendas, os incentivos estão atados ao tempo da relação do cliente com a empresa, as inovações dessas relações e os negócios resultantes dos clientes.

Identifique conflitos entre a conclusão de um acordo e a implementação

Além da sua revisão geral, há um aspecto que merece uma atenção especial na negociação e no desempenho contratual. A distinção entre aqueles que concluem um acordo e aqueles que são responsáveis pela implementação, por vezes, cria uma tensão que afeta a execução do contrato.

Por exemplo, uma grande empresa internacional de consultoria observou que suas equipes de implementação tiveram que dedicar um tempo considerável renegociando contratos. Sendo assim, eles me pediram para conduzir um seminário em Paris, durante uma primavera, sobre como renegociar contratos. Ao ouvir as palavras "Paris" e "primavera", eu rapidamente concordei em realizar o seminário antes de perceber que não teria muito que oferecer, visto que uma renegociação do contrato, basicamente segue os mesmos princípios que qualquer negociação contratual.

Então, eu decidi ir mais além e entrei em contato com os líderes da empresa para descobrir *por que* havia tantas renegociações. A razão das renegociações foi resumida pela resposta de um dos líderes, que observou que os incentivos dos indivíduos encarregados de negociar os acordos estavam "mais ligados ao encerramento [da negociação] do que a implementação em andamento". Sabendo isso, consegui reorientar o seminário sobre como resolver a tensão entre os que concluem um acordo e a equipe de implementação.

Danny Ertel publicou um excelente artigo sobre este tema na *Harvard Business Review*, chamado "Getting Past Yes: Negotiating as if Implementation Mattered". Neste artigo, ele observa que, quando as equipes de desenvolvimento de negócios se separaram das equipes de implementação, elas "ficaram mais suscetíveis a se concentrar mais no acordo do que em seu impacto nos negócios".

Ao revisar as negociações, pergunte se o critério da "conclusão de um acordo" prevalece nas negociações de sua organização. Exemplos da postura mencionada no artigo de Ertel incluem o uso da surpresa para obter vantagem, a retenção de informações, o uso de táticas como prazos falsos, e a autoproteção com cláusulas de penalização.

Contraste esse critério com a implementação, como sugerido por Ertel, identificando problemas o mais rapidamente possível durante as negociações, dividindo informações, dedicando o tempo necessário para desenvolver um acordo que pode ser implementado com sucesso, e desenvolvendo compromissos realistas. Após analisar a sua negociação, seu objetivo deve ser se mover em direção a um foco de implementação.

Faça uma revisão pessoal

Uma avaliação pessoal da sua estratégia e táticas de negociação (para melhorias futuras) é tão importante quanto à avaliação das negociações da empresa. Com base no material abordado neste livro, veja abaixo algumas perguntas que você deve fazer a si mesmo durante esta avaliação.

- Eu estabeleci uma relação com a outra parte?
- Buscamos interesses subjacentes e encontramos interesses que não estão em conflito?
- Eu fiz perguntas e escutei atentamente as respostas?
- Descobri, no início da negociação, se a outra parte tinha autoridade para fazer um acordo?
- Eu use uma estratégia eficaz de "primeiro preço"?
- Eu olhei para a negociação pelo ponto de vista da outra parte?
- Eu usei a reciprocidade?
- Eu mantive uma perspectiva panorâmica, uma visão geral?

Ponto essencial. Independentemente se sua empresa realiza ou não revisões sistemáticas de negociações e desempenho de seus contratos, você deve realizar uma avaliação pessoal da sua estratégia e tática de negociação para usar como base de melhorias no futuro.

UMA PERSPECTIVA FINAL: A ANÁLISE DOS OBJETIVOS DE VIDA

Alguns anos atrás, eu fiz uma apresentação sobre resolução de conflitos em uma reunião da "*American Bar Association*". Tive a honra de dividir o palco com um dos maiores especialistas do mundo sobre mediação, John Wade, da Universidade de Bond, na Austrália. Eu estava ansioso para aprender sobre sua abordagem de resolução de litígios.

Durante a primeira metade da sessão, o professor Wade descreveu o que ele chama de "análise dos objetivos de vida", que consiste em uma pequena lista de objetivos pessoais e profissionais de cada um, a curto e longo prazo. Esta lista é uma ferramenta útil para colocar uma disputa em perspectiva. Ele forneceu o seguinte exemplo (que está parcialmente descrito em seu artigo "Systematic Risk Analysis for Negotiators and Litigators: How to Help Clients Make Better Decisions").

Um homem chinês estava negociando com sua esposa uma divisão de bens como parte do divórcio. O marido tinha uma renda grande e muitos bens. Ele era um médico com excelente reputação na comunidade chinesa e tinha muitos amigos. A esposa tinha uma renda pequena e poucos bens. Ela se sentia isolada de sua comunidade.

O casal negociou a divisão de seus bens, exceto o valor final de $40.000. Durante a mediação, a esposa completou uma análise dos objetivos de vida, mas o marido (talvez impulsionado pelo apoio da comunidade) se recusou. No final, eles dividiram igualmente o valor de $40.000.

Após a finalização do divórcio, o marido e seus "amigos" saíram da sala de audiências e foram comemorar em um restaurante. Ao sair da sala, a mulher se virou para o advogado do marido e disse: "Agora é hora de dar o troco". Ela imediatamente foi ao escritório da sociedade médica e preencheu uma queixa contra o médico, alegando que ele havia feito um aborto ilegal nela e enviado medicamentos, de forma ilegal, para parentes na China. Como resultado, ele perdeu sua licença médica, sua renda e seu prestígio na comunidade.

Se o médico tivesse colocado a disputa sob a perspectiva de uma análise dos objetivos de vida, talvez ele tivesse concordado em dar a esposa o valor total de $40.000 ou até mais. Seus objetivos poderiam incluir continuar tendo sucesso financeiro, liderança na comunidade médica, ter um novo relacionamento e desfrutar do resultado de seu trabalho. Em vez disso, ele perdeu tudo.

A moral da história é a seguinte: independentemente se você estiver ou não envolvido em um processo de resolução de litígios ou negociando uma transação, tenha em mente uma visão geral da negociação, e pense em seus objetivos imediatos em função de seus objetivos de vida. Desejo-lhe tudo de melhor nesta empreitada!

APÊNDICES:

LISTA DE VERIFICAÇÃO E FERRAMENTAS DE AVALIAÇÃO

A. Lista de verificação de planejamento de negociação
B. Exemplo de uma lista de verificação de planejamento de negociação
C. Avalie o seu estilo de negociação

Apêndice A

Lista de verificação de planejamento de negociação

Use a seguinte lista de verificação ao se planejar para as negociações.* Para mais informações, veja os capítulos 3, 5 e 6.

Metas e melhores alternativas

1. Qual é o meu objetivo nessa negociação? Por que eu quero atingir esse objetivo?

2. Qual é a minha melhor alternativa para alcançar este objetivo se essa negociação não for bem sucedida?

3. Será que eu devo divulgar a minha melhor alternativa para o outro lado durante a negociação? (Normalmente "sim" se a sua alternativa for forte e "não" se for fraca).

4. Como eu posso melhorar a minha melhor alternativa? (Ao melhorar a sua alternativa, você aumenta o seu poder).

5. Qual é o objetivo da outra parte nessa negociação? Por que eu acho que a outra parte quer atingir esse objetivo? (Na etapa de planejamento, isso é um palpite).

6. Qual é a melhor alternativa da outra parte para alcançar este objetivo se essa negociação não for bem sucedida? (Novamente, isso é um palpite).

7. Como posso enfraquecer a melhor alternativa do outro lado? (Ao enfraquecer a melhor alternativa do outro lado, você aumenta o seu poder).

Problemas que podem surgir (além do preço)

8. Quais problemas podem surgir durante as negociações? Anote os problemas e depois de cada problema escreva:

   a. se você acha que é "negociável", pois é de baixa importância para você ou "não negociável", pois é uma questão importante para você,

   b. por que o problema (se "não negociável") é importante para você,

   c. fatos que você pode usar para apoiar a sua posição sobre cada problema,

   d. se o outro lado vai achar que o problema é "negociável" ou "não negociável" (na fase de planeamento, isso é um palpite), e

   e. por que você acha que o problema é importante para o outro lado (novamente, um palpite).

   Use uma planilha ao responder a pergunta número 8.

9. Eu tenho uma relação pessoal ou longa com o outro lado? Se sim, como isso pode afetar a minha postura e a do outro lado? Se não, como posso construir esse relacionamento?

10. Ao usar a análise da pergunta 8, quais são as possíveis formas de criar valor para ambos os lados? Por exemplo, ao negociar questões ou atender interesses? Faça uma lista de perguntas que você quer fazer ao outro lado ao explorar essas possibilidades.

Perguntas relacionadas ao preço

11. Qual é o meu preço de reserva? Por que este preço é importante para mim? (O preço de reserva é o menor preço que você está disposto a aceitar se você for o vendedor, ou o maior preço que você está disposto a pagar se você for o comprador).

12. Qual é o preço mais provável? (Este é um preço-alvo razoável).

13. Qual é meu objetivo idealista? (Saiba esse objetivo desde o início das negociações. Este é o preço mais alto ou baixo, dependendo se você for o vendedor ou comprador, que você pode justificar de forma razoável).

14. Devo ser o primeiro a dizer o preço? (Considere a possibilidade de informar a sua oferta ao outro lado, ao dar o primeiro preço apenas quando você estiver confiante sobre o valor. Se você não estiver confiante com o valor, peça para que o outro lado faça uma oferta, a fim de determinar o valor, mas evite ficar preso a esse número).

Autoridade quando agentes estão envolvidos

15. Eu estou negociando como um agente? Se sim, quais são os limites da minha autoridade?

16. Se o outro lado estiver agindo como um agente, quais são os limites da autoridade do outro lado? (Esta informação deve vir do principal, não do agente).

*Agradeço a International Association for Contract & Commercial Management (IACCM) pelo incentivo no desenvolvimento deste planejamento. A IACCM, em parceria com a Huthwaite International, realizou um estudo de referência (benchmark) chamado "Improving Corporate Negotiation Performance". O estudo ressalta a importância do planejamento para o sucesso da negociação, mas concluiu que a maioria das empresas não usa ferramentas formais de planejamento. Após analisar um modelo de planejamento incluído no estudo, eu preparei uma lista de itens que devem estar em um planejamento e os apresentei a profissionais de contratos em conferências da IACCM nos Estados Unidos e na Europa, assim como também durante um webinar. Esta lista de verificação de planejamento inclui comentários destes negociadores veteranos.

Apêndice B

Exemplo de uma lista de verificação de planejamento de negociação

Este exemplo de uma lista de verificação de planejamento completa utiliza o cenário do capítulo 3:

Você decidiu vender seu carro e está se preparando para negociar com um potencial comprador, Kyle. Kyle foi a única pessoa que respondeu ao seu anúncio de vendas. Você precisa de pelo menos $4.000 pelo carro para poder financiar a compra de um caminhão que você já encomendou. Você precisa manter o seu carro por mais três semanas, pois é quando seu caminhão chega. O valor razoável de venda do carro (com base em várias calculadoras online) é de $5.000. Se você não conseguir encontrar um comprador disposto a pagar pelo menos $4.500, você vai vender o carro para o seu amigo Terry por $4.000. Você sabe que Terry irá deixar você manter o carro pelas próximas três semanas.

Metas e melhores alternativas

1. Qual é o meu objetivo nessa negociação? Por que eu quero atingir esse objetivo?

   Minha meta é vender meu carro. Quero vender o carro para que eu possa financiar a compra de um caminhão.

2. Qual é a minha melhor alternativa para alcançar este objetivo se essa negociação não for bem sucedida?

    Vou vender o carro ao meu amigo Terry por $4.000.

3. Será que eu devo divulgar a minha melhor alternativa para o outro lado durante a negociação? (Normalmente "sim" se a sua alternativa for forte e "não" se for fraca).

    Vou informar que há outro comprador interessado, mas não irei revelar o preço, que é menor do que o que eu esperava receber de Kyle.

4. Como eu posso melhorar a minha melhor alternativa? (Ao melhorar a sua alternativa, você aumenta o seu poder).

    Eu poderia tentar encontrar outros compradores ao anunciar mais o carro e dar mais detalhes.

5. O que eu acho que é o objetivo da outra parte nessa negociação? Por que eu acho que a outra parte quer atingir esse objetivo? (Na etapa de planejamento, isso é um palpite).

    Obviamente, Kyle quer comprar um carro, mas neste momento eu não sei a razão para este objetivo.

6. Qual é a melhor alternativa da outra parte para alcançar este objetivo se essa negociação não for bem sucedida? (Novamente, isso é um palpite).

    Eu suponho que Kyle queira comprar um carro de outra pessoa.

7. Como posso enfraquecer a melhor alternativa do outro lado? (Ao enfraquecer a melhor alternativa do outro lado, você aumenta o seu poder).

Vou tentar mostrar que Kyle não vai conseguir um negócio melhor do que o que eu estou oferecendo.

Problemas que podem surgir (além do preço)

8. Quais problemas podem surgir durante as negociações? Anote os problemas e depois de cada problema escreva:

    a. se você acha que é "negociável", pois é de baixa importância para você ou "não negociável", pois é uma questão importante para você,

    b. por que o problema (se "não negociável") é importante para você,

    c. fatos que você pode usar para apoiar a sua posição sobre cada problema,

    d. se o outro lado vai achar que o problema é "negociável" ou "não negociável" (na fase de planeamento, isso é um palpite), e

    e. por que você acha que o problema é importante para o outro lado (novamente, um palpite).

    Use uma planilha ao responder a pergunta número 8.

    Além do preço analisado nas perguntas 11-14, a questão principal é a data da transferência. (a) isso não é negociável. (b) a data de transferência é importante para mim, pois eu preciso do carro até o meu caminhão chegar. (c) vou explicar como eu uso o carro. (d) incerto neste momento. (e) incerto neste momento.

9. Eu tenho uma relação pessoal ou longa com o outro lado? Se sim, como isso pode afetar a minha postura e a do outro lado? Se não, como posso construir esse relacionamento?

Eu não tenho nenhum relacionamento com Kyle. Como isso será feito em uma única transação, não há necessidade de construir um relacionamento além do tempo no início da negociação para conhecer Kyle.

No entanto, há uma relação com Terry (que é um amigo), com quem eu estou disposto a vender o carro por um preço menor.

10. Ao usar a análise da pergunta 8, quais são as possíveis formas de criar valor para ambos os lados? Por exemplo, ao negociar questões ou atender interesses? Faça uma lista de perguntas que você quer fazer ao outro lado ao explorar essas possibilidades.

    Se a questão da data da transferência for negociável por Kyle, talvez eu possa manter o carro por mais três semanas se eu reduzir o preço, mas não abaixo do meu preço de reserva.

    Se a data da transferência não for negociável por nenhum de nós, eu preciso perguntar ao Kyle porque essa data é importante. Se Kyle precisar do carro por uma razão específica ao longo das próximas três semanas, talvez possamos chegar a um acordo onde uma pessoa fica com o carro, mas dá carona a outra.

Perguntas relacionadas ao preço

11. Qual é o meu preço de reserva? Por que este preço é importante para mim? (O preço de reserva é o menor preço que você está disposto a aceitar se você for o vendedor, ou o maior preço que você está disposto a pagar se você for o comprador).

    Meu preço de reserva é de $4.500. Preciso de pelo menos $4.000 (que eu posso conseguir de Terry) para

comprar o caminhão.

12. Qual é o preço mais provável? (Este é um preço-alvo razoável).

    O preço mais provável é de $5.000.

13. Qual é meu objetivo idealista? (Saiba esse objetivo desde o início das negociações. Este é o preço mais alto ou baixo, dependendo se você for o vendedor ou comprador, que você pode justificar de forma razoável).

    Meu objetivo idealista é $6.000.

14. Devo ser o primeiro a dizer o preço? (Considere a possibilidade de informar a sua oferta ao outro lado, ao dar o primeiro preço apenas quando você estiver confiante sobre o valor. Se você não estiver confiante com o valor, peça para que o outro lado faça uma oferta, a fim de determinar o valor, mas evite ficar preso a esse número).

    Neste caso, estou bastante confiante com o valor, por isso vou fazer a primeira oferte com meu objetivo idealista de $6.000.

Autoridade quando agentes estão envolvidos

15. Eu estou negociando como um agente? Se sim, quais são os limites da minha autoridade?

    Eu não estou negociando como um agente.

16. Se o outro lado estiver agindo como um agente, quais são os limites da autoridade do outro lado? (Esta informação deve vir do principal, não do agente).

    Que eu saiba, Kyle não está agindo como um agente, mas eu devo confirmar isso com ele. Se Kyle for um

agente, eu vou perguntar ao principal de Kyle sobre sua autoridade.

Apêndice C

Avalie o seu estilo de negociação

(Ver capítulo 2)

Primeiro, use o anexo para avaliar e entender o seu estilo de negociação.

Em seguida, use a avaliação para analisar o estilo de negociação da outra parte. Isto é bastante importante nas negociações interculturais. Lembre-se de que podem existir diferenças consideráveis no estilo de negociação dentro de uma cultura.

E por fim, faça uma análise de lacunas. Localize as grandes diferenças entre o seu estilo e o estilo do outro lado.

Após completar esta avaliação, é interessante fazer um exercício de inversão de papéis, onde você usa o estilo do outro lado para entender melhor.

Agradeço a Jeswald Salacuse, Henry J. Braker, professor de Direito e ex-reitor da Escola Fletcher na Universidade Tufts, por me permitir reproduzir esta avaliação de seu artigo "Ten Ways that Culture Affects Negotiating Style: Some Survey Results", *Negotiation Journal*, de julho de 1998.

Avaliando o seu estilo de negociação

Instruções: Abaixo você irá encontrar dez características importantes sobre o estilo e a abordagem de negociação de uma pessoa.

Cada característica demonstra uma escala de progressão, como mostrada abaixo. Com relação a cada característica, marque um X onde você considera estar o seu estilo e a sua abordagem de negociação.

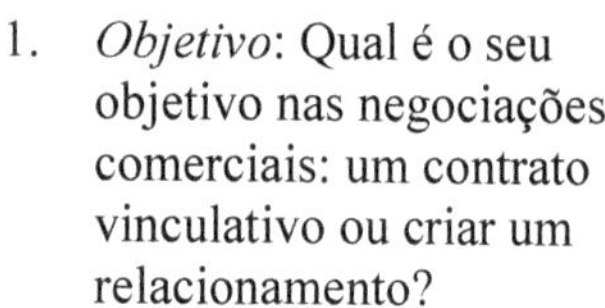

1. *Objetivo*: Qual é o seu objetivo nas negociações comerciais: um contrato vinculativo ou criar um relacionamento?

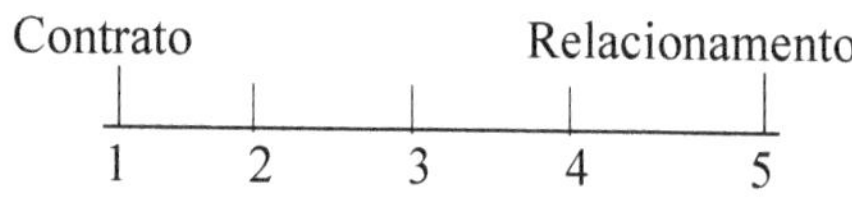

2. *Postura*: Qual é a sua postura diante a negociação: ganha/perde ou ganha/ganha?

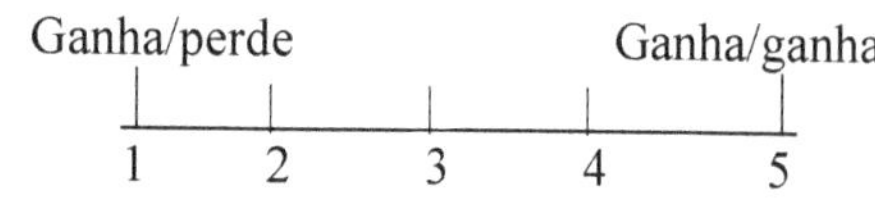

3. *Estilo pessoal*: Durante as negociações, o seu estilo pessoal é formal ou informal?

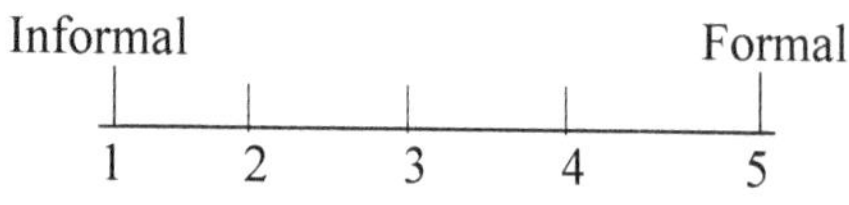

4. *Comunicações*: O seu estilo de comunicação durante uma negociação é direto (por exemplo, propostas e respostas claras e definidas) ou indireto (por exemplo, respostas evasivas e vagas)?

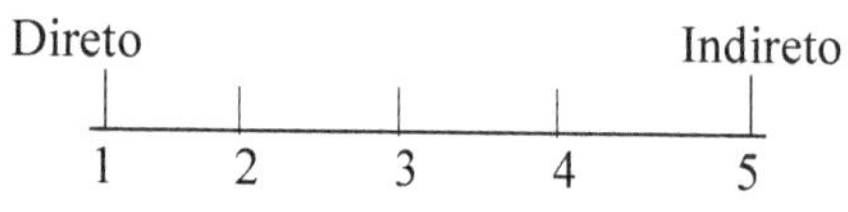

5. *Sensibilidade ao tempo*: No processo de negociação, a sua sensibilidade ao tempo é alta (por exemplo, você quer fechar um acordo rapidamente) ou baixa (você negocia lentamente)?

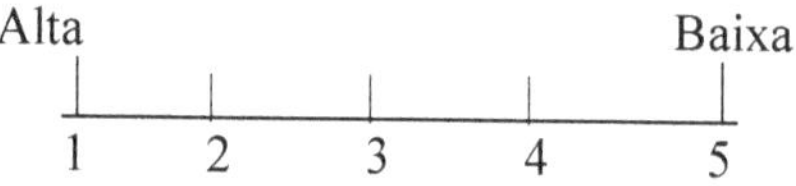

6. *Emoção*: Durante as negociações, a sua emoção é alta (ou seja, você tem uma tendência a exibir suas emoções) ou baixa (você esconde seus sentimentos)?

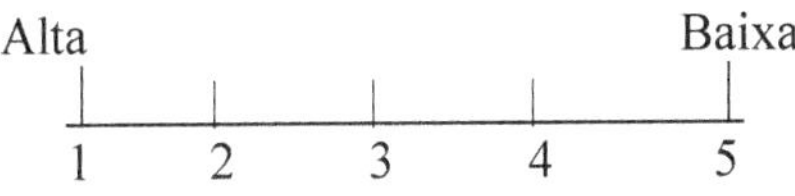

7. *Tipo de acordo*: Você prefere acordos específico (isto é, detalhado) ou geral??

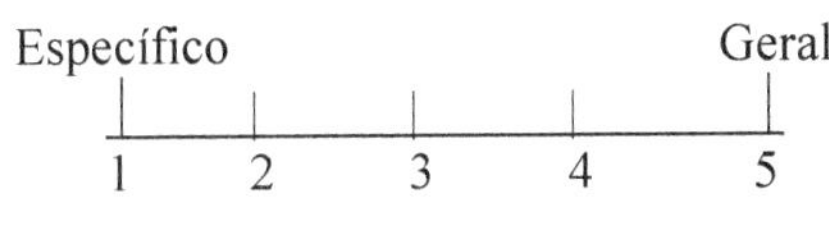

8. *Construção de acordo*: Você vê a negociação de "baixo para cima" (chegar a um acordo sobre os detalhes inicialmente), ou de "cima para baixo" (começar com um acordo sobre o princípio geral)?

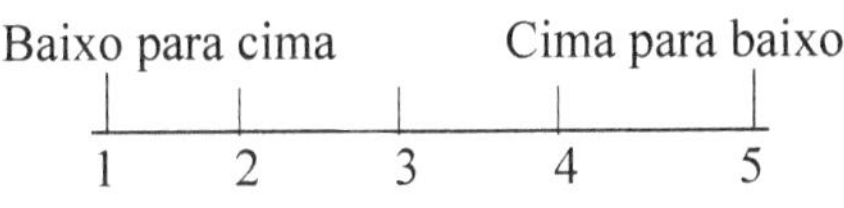

9. *Organização de equipe*: Como membro de uma equipe de negociação, você prefere ter um líder com autoridade para tomar uma decisão ou tomar as decisões por consenso?

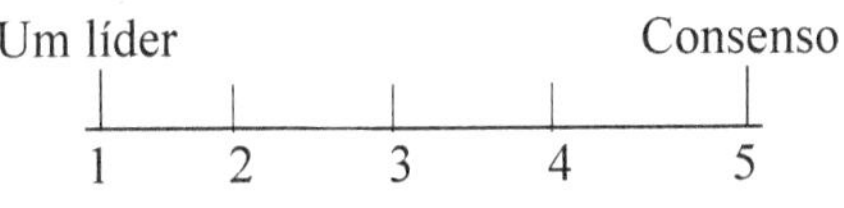

10. *Assumir riscos*: A sua tendência a assumir os riscos durante as negociações é alta (por exemplo, a sua oferta de abertura de venda é extremamente elevada) ou baixa?

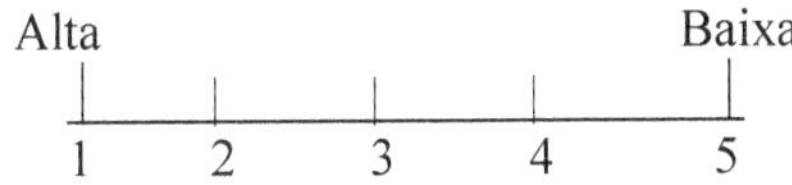

www.ingramcontent.com/pod-product-compliance
Lightning Source LLC
Chambersburg PA
CBHW060601200326
41521CB00007B/634

9780997056662